KÖPFE UND MASKEN

Impressum

Bibliografische Information der Deutschen Nationalbibliothek
Die Deutsche Nationalbibliothek verzeichnet diese Publikation in der Deutschen Nationalbibliografie; detaillierte bibliografische Daten sind im Internet über http://dnb.d-nb.de abrufbar.

5020 Salzburg, Bergstraße 12

Lektorat: Arnold Klaffenböck
Layout und Grafik: Nadine Löbel
Coverfoto: Eva-Maria Mrazek
Druck: OrtmannTeam GmbH, Ainring
ISBN 978-3-7025-0741-1
www.pustet.at

Bildnachweis:
Eva-Maria Mrazek: Abb. 1, 4, 7, 8, 10, 14, 17, 18, 21–24, 27, 35, 36, 39, 41–48, 63–75, 77, 79, 80, 84–87, 92, 98–101, 103, 109–113, 115, 120, 121, 138–143, 146–153, 158, 161, 162, 165, 167, 171, 173.
Peter Dinzelbacher: Abb. 2, 3, 5, 6, 9, 13, 15, 16, 19, 20, 25, 26, 28–34, 37, 38, 40, 49, 50–62, 76, 78, 81–83, 88–91, 93–97, 102, 104–108, 114, 116–119, 122–132, 137, 144, 145, 155–157, 163, 164, 166, 168–170.
Universitätsbibliothek Salzburg: Abb. 159, 160.
http://commons.wikimedia.org/wiki/File:Schoengrabern6.JPG (Welleschik): Abb. 12.
http://commons.wikimedia.org/wiki/File:La_Brigue_-_Chapelle_Notre-Dame-des-Fontaines_-_Fresque_du_Jugement_dernier_-12.JPG?uselang=de (Mossot): Abb. 20.
http://commons.wikimedia.org/wiki/File:Limburg_Portalplastik1.jpg (Beckstet): Abb. 172.

Peter Dinzelbacher

KÖPFE UND MASKEN

Symbolische Bauplastik an mittelalterlichen Kirchen

VERLAG ANTON PUSTET

INHALTSVERZEICHNIS

VORWORT

Die symbolische Bauplastik des Mittelalters für Stadt und Land Salzburg und die nähere Umgebung vorzustellen und zu illustrieren ist das wichtigste Ziel dieses Buches. Damit sind jene Werke gemeint, die nicht an zentraler Stelle – wie im Tympanon eines Portals – die bekannten Gestalten und Themen der christlichen Heilsgeschichte abbilden (obwohl auch sie über das Erzählerische hinaus Träger von Symboliken sein können). Es geht vielmehr um jene menschlichen, tierischen, engelhaften oder dämonischen Wesen, Pflanzen und Zeichen, die Randzonen der Gotteshäuser bevölkern: die Torgewände, die Kapitelle und die Basen der Säulen, die Konsolen und Schlusssteine der Gewölbe ...[1]

Ein gutes Beispiel, um sich den Unterschied zwischen der von Kunsthistorikern oftmals beschriebenen zentralen Bauplastik und den regelmäßig unbeachteten marginalen oder liminalen Skulpturen klarzumachen, bietet der Südeingang der Franziskanerkirche in Salzburg. Die Form des spätromanischen Trichterportals (Abb. 1, 161) lenkt den Blick direkt auf das in der Mitte über dem Tor thronende Tympanon, auf dem der segnende Christus erscheint, zu welchem sich die heiligen Patrone Petrus und Rupertus mit Teilen des Gotteshauses in Händen hinbewegen. Also ein ganz klares, für jeden Betrachter leicht zu erkennendes Bildthema einer Huldigungsszene, das hier als Hochrelief gestaltet wurde und ursprünglich gewiss bunt bemalt war. Aber auch der Türsturz erscheint belebt, doch nicht mit bekannten Gestalten aus Bibel und Kirchengeschichte,

Abb. 1: Südportal, Salzburg, Franziskanerkirche, A. 13. Jh.

sondern einem dichten Geröll von Weinranken, flankiert von zwei menschlichen Gestalten (s. S. 65f.). Weiter außen gibt es noch andere Figuren und am Gewände des Portals winzige Köpfe, in der Sockelzone auch Tiere. All diese Elemente stehen quasi am Rande des Hauptthemas, sind untergeordnet, aber keineswegs bedeutungslos (s. S. 27).

Daher sprechen wir von symbolischer Bauplastik. Zu dieser zählen z. B. auch jene Kapitelle, Ecksporne, Konsolen, Gewände, Schlusssteine, Wasserspeier, Krabben u. Ä., welche Figuren, kleine Szenen, geometrische oder pflanzliche Kompositionen tragen. ‚Grenzwertig' ist oft auch die unheimliche, angsteinjagende, humorvolle, skurrile, rätselhafte, erotische ... Thematik. Am Rande befinden sie sich in mehrfacher Hinsicht: durch die ungewöhnlichen Themen und die dezentrale Position im Bau – und letztlich im Weltbild, in dem ihre Schöpfer und deren Zeitgenossen lebten.[2] Im Zentrum unserer Aufmerksamkeit steht dabei ein Motiv, das, von Pflanzenschmuck abgesehen, wohl als das häufigste sowohl in der Romanik als auch in der Gotik gelten kann: Köpfe, Masken, Gesichter und ihre Bedeutungen.

Was versucht wird, ist freilich kein auf Vollständigkeit abzielendes Inventar der Objekte in unserer Region. Vielmehr geht es darum, das Thema zum ersten Mal für Salzburg und Umgebung anhand zahlreicher interessanter und typischer Beispiele zu beschreiben (und ohne heutige politische Grenzen zu beachten). Diese lokale Konzentration ist primär arbeitsökonomisch; sachlich gerechtfertigt wäre es, auch die angrenzenden Bundesländer und Bayern mit einzubeziehen. Generell wurden nur allgemein zugängliche Monumente berücksichtigt, denn die nicht mehr in situ befindlichen Köpfe sind infolge musealer

Magazinierung (Salzburg Museum) oder monastischer Klausur (Nonnberg und St. Peter) nicht oder nur erschwert erreichbar. Es soll nicht verschwiegen werden, dass auch einige mittelalterliche Kirchen, obwohl katholisch, stets versperrt gehalten werden, so am Georgenberg, am Buchberg, in Torren, in Kaltenhausen, in Scheffau sogar die Pfarrkirche u. a. m. Dies trifft selbst im städtischen Bereich bisweilen zu, so auf die kunsthistorisch durchaus interessante Liebfrauenkirche in Bischofshofen. Auf die etwa dort befindlichen Werke war bei der Darstellung zu verzichten.[3] Die hier besprochenen Bauten dürfen dagegen i. d. R. zu den üblichen Zeiten besichtigt werden. Doch ist die Zahl der für alle Besucher einer Kirche sichtbaren (aber zumeist übersehenen) Objekte immer noch beachtlich, wie die folgenden Seiten zeigen werden.

Es war dem Verfasser allerdings ein Anliegen, eine Eigenheit vieler auf eine bestimmte Region konzentrierter Studien zu vermeiden, nämlich den Eindruck zu erwecken, es handle sich bei dem Vorgestellten um Entwicklungen, die in diesem Gebiet häufiger oder qualitätsvoller als anderswo vorkämen. Solche lokalen Sonderentwicklungen gibt es zwar gelegentlich in der mittelalterlichen Kunst, z. B. die hölzernen Scheibenkreuze des Übergangsstils, die man fast nur in Soest und auf Gotland antreffen wird; die hier besprochene Bauplastik kommt dagegen in mannigfachen Variationen in ganz Europa vor. Aus diesem Grund werden auch immer wieder Einzelbeispiele aus weit entfernten Kirchen herangezogen, die daran erinnern sollen, wie ‚international' die mittelalterliche Kunst – und vor allem die ihr zugrunde liegende Vorstellungswelt – war. Gerade die Masken und die têtes coupées – so sollte man mit einem Begriff aus der keltorömischen

Archäologie[4] die isolierten leiblosen Köpfe der Bauplastik am besten nennen – finden sich von Sizilien bis Norwegen, von Irland bis Ungarn in großer Fülle. Sie stellen nach wie vor eines der am wenigsten bekannten Elemente der mittelalterlichen Kunst dar.

Spätestens seit dem 12. Jahrhundert wurden ‚Masken' in allen Teilen der westlichen Christenheit als Motiv der kirchlichen Bauplastik immer wieder dargestellt.[5] Es ist jedoch zunächst danach zu fragen, ob dieser in der Kunstgeschichte ganz übliche Begriff hier überhaupt richtig angewandt wird. Während das Wesen der Maske die Verhüllung darstellt, verbergen doch die hier zu betrachtenden Objekte nichts hinter oder in sich – sie sind bloß sie selbst. Immer wieder zitiert wird in diesem Zusammenhang das schmale und oberflächliche Büchlein von Wilhelm Fraenger über die *Masken von Reims* (1922), das den Terminus wohl in der deutschen Sekundärliteratur bis heute fixiert hat. Freilich sprachen schon früher die Architekten der Neuzeit von „masques" und nicht von „têtes", wie z. B. in der *Encyclopédie* der Aufklärer nachzulesen, wo ihr Gebrauch übrigens sehr kritisiert wird, da sich ein getrennter Körperteil nicht mit der Eleganz eines wohlproportionierten Bauwerkes vertrage.[6]

Wir vermeiden also eine generalisierende Verwendung des Begriffes Maske für die ganzen Köpfe und Gesichter am mittelalterlichen Bau und sprechen nur dann davon, wenn eine deutliche Ähnlichkeit mit den aufsetzbaren Gesichtsmasken, wie sie der Antike, aber auch dem Mittelalter bekannt waren,[7] vorliegt. In der Tat trifft man nicht ganz selten auf Reliefplastiken in Gesichtsform, die in ihrer Flachheit wie auf die Wand applizierte Masken

Abb. 2 Südportal, Salzburg, Nonnberger Stiftskirche, um 1500

wirken. Die spätgotische Umrahmung des Südtores der Nonnberger Kirche (Abb. 2) zeigt unter Dämonenfratzen ebensolche Formen.

In der Mehrheit der Fälle handelt es sich bei den ‚Masken' der Kunsthistoriker jedoch um ausgewachsene Gesichter oder Köpfe, deren Gestaltungsweisen vom Relief bis zur Rundplastik reichen.[8] Da bei allen diesen Objekten in Tier-, Menschen- oder Phantasieform der Hals nicht oder nur knapp angegeben ist, erscheint der Ausdruck „tête coupée" angebrachter, namentlich angesichts des Mangels eines Begriffes in den mittelalterlichen Sprachen.

Die Absicht der vorliegenden Darstellung ist nicht bloß eine antiquarische, d.h. die Sammlung von Überresten der Vergangenheit quasi nur zu ihrer Registrierung, oder eine ästhetische, d.h. die Betrachtung alter Kunst quasi um ihrer Auge und Geist erfreuenden Qualitäten. Vielmehr erlaubt die Beschäftigung auch mit den marginalen Werken einer Kultur einen Zugang zu ihrer Mentalität. Wenn es für die eintausend Jahre, die wir undifferenziert mit dem einen Periodenbegriff ‚Mittelalter' zusammenfassen, überhaupt Gemeinsamkeiten gibt, die es rechtfertigen, auch heute noch diesen (in seiner Entstehungszeit ja abwertend gemeinten) Terminus humanistischer Erfindung zu verwenden, dann, weil es wenigstens drei unbestreitbare Kontinuitäten gab: Zwischen 500 und 1500 basierte das Leben primär auf der Basis der Agrarwirtschaft, erfasste man die Gesellschaft und die Welt als streng hierarchisch gegliederte Systeme und war jeder Lebensbereich zutiefst von Religion durchdrungen.[9] In eben diese Sphäre gehören die hier vorgestellten Werke durchgehend.

Überraschend angesichts der überragenden Berühmtheit Salzburgs und der zahlreichen Publikationen zu seiner Kunstgeschichte erscheint es, dass zu dem hier vorgestellten Thema bisher überhaupt keine Studien vorgelegt wurden. Vielmehr wird die marginale Bauplastik in der lokalen kunsthistorischen Literatur fast regelmäßig einfach übersehen: Es genügt, den im Vergleich zu seinem Vorgänger nun wirklich ausführlichen Dehio[10] dieses Bundeslandes von 1986 einzusehen, der etwa für die Kirche Mariae Himmelfahrt der Nonnberger Benediktinerinnen wohl summarisch die Köpfe an den Basen der Stützen des Nonnenchores erwähnt, aber die Häupter völlig verschweigt, die in das spätgotische Südportal (Abb. 137) integriert sind. Und zwar nicht nur die winzig kleinen an den Spitzen eines der Baldachine (Abb. 81), sondern auch die beiden eigentlich unübersehbaren Dämonenfratzen (Abb. 3) nebst den darunter befindlichen Masken (Abb. 2). Sogar eine nur auf die gotischen Portale Österreichs spezialisierte Arbeit[11] „übersieht" bei der Beschreibung der Toranlage der Nonnberger Kirche die vier integrierten

Köpfe der Dämonen und Masken (von den kleinen, welche den Baldachin zieren, ganz zu schweigen). Hans Karlinger und Wilhelm Messerer, jene Salzburger Kunsthistoriker, die sich noch am intensivsten mit mittelalterlicher Skulptur am Bau beschäftigt haben, erwähnen in ihren Arbeiten zur romanischen Plastik in unserem Bereich wohl die besonders wichtigen Objekte, versuchen jedoch zumeist keine Interpretation.[12] Die Verweigerung ikonographischen Fragen gegenüber hat in der hiesigen Mittelalterforschung freilich Tradition, formanalytische Studien und besonders kunstgeographische Fragen nach Schulzugehörigkeiten standen und stehen dominierend im Mittelpunkt.[13] Es ist gewiss für die Kenntnis historischer Zusammenhänge von Interesse zu wissen, dass das romanische Tympanon in St. Zeno in Bad Reichenhall und jenes der Benediktinerinnenabtei Nonnberg die ältesten Beispiele aus einer Gruppe ähnlicher Werke sind, denen dann nacheinander das in St. Peter, in der Franziskanerkirche und im Museum zu Salzburg folgten,[14] aber es hilft nicht, ihre Bedeutung zu erklären oder ihre Wirkung auf den Betrachter.

Abb. 3 **Südportal, Salzburg, Nonnberger Stiftskirche, E. 15. Jh.**

DIE SALZBURGER KÖPFE VOR DEM EUROPÄISCHEN HINTERGRUND

Die beste Einführung in unser Thema ist es, einmal ohne weitere Präliminarien einige der in diesem Buch abgebildeten Objekte zu betrachten; in unserem Zusammenhang, in dem wir primär an Sinn und Zweck dieser Werke, an ihrer Botschaft interessiert sind, ist es dabei unnötig, in jedem Fall auf eine genaue Datierung[15] hinzuarbeiten, zumal eine solche in der Literatur ohnehin vielfach umstritten ist. Sie könnte nur durch eine bauhistorische Analyse vor Ort in Zusammenwirken mit anderen Methoden erfolgen. Angesichts der durchlaufenden ikonographischen Traditionen ist es hier aber gleichgültig, ob ein Kapitell oder eine Konsole faktisch um ein oder zwei Jahrzehnte früher oder später gearbeitet wurde, als nach den vorliegenden Untersuchungen anzunehmen; die Bedeutungen mittelalterlicher Bildwerke ändern sich im ganzen Zeitraum nur selten. Es sei in diesem Zusammenhang nur einmal mehr davor gewarnt, das Selbstvertrauen zu ernst zu nehmen, das viele Kolleginnen und Kollegen nach wie vor ihren eigenen stilkritischen Datierungen entgegenbringen. In Wirklichkeit sind diese Einschätzungen recht häufig von der größten Subjektivität, was ein einziges Beispiel, das man freilich nicht oft genug zitieren kann, deutlich genug belegt: Eine der berühmtesten Arbeiten der deutschen Kunst des Mittelalters ist der monumentale Gerokruzifixus im Kölner Dom. Seine Entstehungszeit wurde von verschiedenen kunsthistorischen Koryphäen des 20. Jahrhunderts mit Daten aus dem ganzen Zeitraum zwischen dem späten 10. und dem späten 12. Jahrhundert

‚bestimmt', also innerhalb einer Spanne von 200 Jahren![16] Erst eine naturwissenschaftliche Methode, die Dendrochronologie, vermochte den Streit zu entscheiden und den frühesten Ansatz zu bestätigen. Wer garantiert denn, um auf unsere Region zurückzukommen, ob ein Steinbildwerk, das stilistisch um 1400 anzusetzen ist, wirklich damals gefertigt wurde? Kann nicht ein älterer Bildhauer genau die Art beibehalten haben, die er als Geselle 30 oder 40 Jahre früher erlernt hatte? Kann das Vorbild für ein in seiner Zeit ‚modern' wirkendes Stück nicht aus einer fortschrittlichen westlichen Bauhütte importiert worden sein? Nur die Konvergenz der stilanalytischen Methode mit schriftlichen Quellen und (wo möglich) naturwissenschaftlichen Analysen führt zu einigermaßen verlässlichen Zeitbestimmungen. Ähnliches könnte man in puncto Provenienz, also der geographischen Herkunft, durchspielen, wobei wieder naturwissenschaftliche Untersuchungen des Materials, Holz bzw. Stein, entscheiden.

Was Salzburg und Umgebung betrifft, so stehen wir nur bei einigen wenigen Objekten vor ernsteren Datierungsproblemen: Immerhin ein Franz Fuhrmann, der sich fast 40 Jahre im Museum und an der Universität mit Salzburger Kunst beschäftigte, schwankt zwischen Mitte 13. und 16. Jahrhundert, wenn es darum geht, das Portal der Stiftskirche von Michaelbeuern (Abb. 126) zeitlich einzuordnen. Verunklärend wirkt hier, dass es in der 2. Hälfte des 16. und in der Mitte des 20. Jahrhunderts versetzt wurde, wobei man sicherlich einige Teile ergänzte.[17] Nicht wirklich klar ist auch, ob bzw. inwieweit die spätromanischen Kapitelle im Westteil der Franziskanerkirche im Barock überarbeitet wurden (Abb. 43); damals kamen nämlich auch „im mittelalterlichen Stil" gehaltene Neuschöpfungen dazu.

Hier zunächst, und zwar in chronologischer Gliederung, die Übersichtsliste der uns bekannt gewordenen Kopf- und Maskendarstellungen an Kirchenbauten des 12. bis 15. Jahrhunderts (frühere existieren nicht) aus dem genannten Raum:

Romanisch

E. 12. Jh. Bad Reichenhall: Pfarrkirche, Apsis außen (die Skulpturen wurden nach 1860 vom Turm hierher übertragen[18])

E. 12. Jh./1. H. 13. Jh. Berchtesgaden: Stiftskirche, Vorhalle, Eingang zum Kreuzgang

Um 1200 Salzburg: Peterskirche, Westportal

A. 13. Jh. Bad Reichenhall: St. Zeno, Westportal und Kreuzgang

1. V. 13. Jh. Salzburg: Franziskanerkirche, Südportal

1. V. 13. Jh. Salzburg: Franziskanerkirche, westliches Hauptschiff, Kapitelle (um 1700 und im 19. Jahrhundert zumindest verändert, wenn nicht rekonstruiert)

Übergangsstil

M. 13. Jh. Michaelbeuern: Stiftskirche, Westportal

E. 13. Jh. St. Georgen bei Zell am See: Pfarrkirche, Turmvorhalle

Gotlsch

1. H. 14. Jh. Berchtesgaden: Stiftskirche, Chor innen

M. 14. Jh. Laufen: Pfarrkirche, Gewölbeschlusssteine

Um 1360 Mariapfarr: Pfarrkirche, Chor innen

2. H. 14. Jh. Bad Reichenhall: St. Zeno, Kreuzgang, Gewölbeschlussstein

14. Jh.	Bad Vigaun: Pfarrkirche, im ganzen Innenraum
14. Jh.	Bischofshofen-Buchberg: hl. Primus und Felician, Gewölbekapitell innen
14. Jh.	Zell am See: Pfarrkirche, Gewölbeschlusssteine
14. Jh.	Radstadt: Pfarrkirche, Turm außen
E. 14. Jh.	St. Veit: Pfarrkirche, Schlusssteine
A. 15. Jh.	Irrsdorf: Pfarrkirche, Turm außen und Westhalle innen
1498	Salzburg: Stiftskirche Nonnberg, Südportal
1498	Salzburg: Stiftskirche Nonnberg, Emporenstützen
15. Jh.	St. Georgen bei Zell am See: Pfarrkirche, Chor innen
Um 1500	Golling: Pfarrkirche, Eingang unter der Westempore
A. 16. Jh.	Torren: St. Nikolaus, Westportal

Wenn man nun im internationalen Vergleich an die Fülle von steinernen Gesichtern denkt, die in bestimmten Landschaften Frankreichs v.a. aus romanischer Zeit existieren, aber auch in manchen gotischen Kathedralen, ebenso in England, oder an die Fülle von Köpfen in der gotischen Portalplastik einer so kleinen Region wie des schwedischen Gotland (Abb. 83), an die Fülle von Masken und Köpfen, die in einer einzigen rheinischen Kirche auf den Betrachter herunterblicken, wie in St. Martin zu Bingen (15. Jh.) (Abb. 169, 170), dann wird man sagen müssen, dass im Bundesland Salzburg und im angrenzenden Bayern relativ wenige Kirchen mit solchen Skulpturen erhalten sind. Und in diesen Kirchen ist die Zahl der Köpfe i.d.R. gering.

Es gibt anderswo romanische und gotische Gotteshäuser, die geradezu überquellend von solchen Protomen besetzt sind, wie z. B. außen die kleine romanische Kirche in Kilpeck (Abb. 52) an der Grenze zwischen England und Wales oder innen die Kathedralen von Laon und Reims (162 Köpfe).

Andererseits erbaute man auch Gotteshäuser, denen diese Objekte völlig fehlen, in Frankreich die frühen Zisterzienserkirchen, in Deutschland etwa die älteren Bauten der Hirsauer, in Salzburg einzelne gotische Gotteshäuser wie die Pfarrkirchen in Bischofshofen, Altenmarkt und Bad Hofgastein. Nach der Gestaltung der Bauelemente, an denen sonst die marginale Plastik bevorzugt angebracht wurde, also namentlich Konsolen und Kapitellen, ist davon auszugehen, dass diese Nüchternheit dem Originalzustand entspricht. In Hofgastein etwa sind diese Teile in strenger Beschränkung nur durch Profilierung hervorgehoben, die Gewölberippen gehen ohne Konsolen direkt von den Pfeilerkörpern aus, die Schlusssteine sind leere Scheiben. Trotzdem muss man hier bedenken, dass Letztere eine figurale Bemalung getragen haben dürften, schließlich zeigt gerade die nächstgelegene Kirche, St. Nikolaus in Badgastein, eine reichhaltige Wandmalerei um 1500, was doch nahelegt, dass auch Hofgastein ursprünglich nicht so schmucklos gewesen sein wird; Freskenreste aus derselben Zeit deuten in diese Richtung. Auch eine romanische Kirche, wie etwa die Pfarrkirche St. Nikolaus in Bad Reichenhall, die heute nur ganz blockhafte, fast ungegliederte Kapitelle aufweist, kann ursprünglich durchaus figurale Elemente besessen haben, die auf die Flächen dieser Bauglieder aufgemalt waren. Ein Beispiel für einen nur gemalten Kopf auf Konsole bietet etwa die Malteserkirche in Spital bei Weitra (Niederösterreich), um 1360.

Übrigens gibt es mancherorts durchaus auch noch Profanbauten, an denen man eine mittelalterliche tête coupée außen oder innen bis zum heutigen Tag sehen kann, ein beliebiges Beispiel kommt von einem Fachwerkhaus in Sindelfingen bei Stuttgart (um 1480) (Abb. 76). In Salzburg ist nur der über einem Tor der Feste angebrachte (keltische oder romanische?) Kopf zu erwähnen. Ob das gotische Frauenantlitz in der Salzburger Herrengasse (Abb. 5) schon im Mittelalter dort eingemauert worden ist oder später, steht dahin.[19]

Auch erscheint die Zahl derartiger Skulpturen, die man an *einem* Bauwerk vorfindet, im Salzburgischen vergleichsweise gering, Bayern hat allerdings noch Bauten mit einer unerschöpflichen Fülle von symbolischer Bauplastik, namentlich die Schottenkirche St. Jakob in Regensburg. Eine markante Ausnahme stellt auch die Heilig-Kreuz-Kirche in Bergen (Landkreis Neuburg-Schrobenhausen) dar, auf deren drei romanischen Apsiden nicht weniger als 70 Menschen- und Tierköpfe in den Bogenfriesen zu finden sind.[20] Besonders reichlich hat man bei uns verschiedene Kopfplastiken an und in der Nonnberger Stiftskirche angebracht, insgesamt etwa 20. Dann kommt Irrsdorf mit den außen am Turm und innen im Westbereich der Kirche positionierten Dämonen- und Menschenhäuptern, auch Bad Vigaun mit seinen sieben gotischen Köpfen an verschiedenen Stellen des Innenraumes ist vergleichsweise reich ausgestattet. Häufiger sind freilich geringere Zahlen: ein Kopf im Chor der Buchberger Kirche, zwei unter der Westempore in Golling etc.

Ob ein Grund für die hiesigen Verhältnisse in einer geringen Anzahl solcher Werke schon im Mittelalter liegt oder auf spätere Verluste zurückgeht, lässt sich kaum entscheiden. Denn dass der weitaus größte Teil des mittelalterlichen Bestandes nicht mehr existiert, muss als sicher gelten. Dies geht schon aus der Fülle barocker Kirchen hervor, die nachweislich anstelle mittelalterlicher errichtet wurden, wobei man deren Überreste fast regelmäßig vernichtete. Das gilt auch für nach einstigen und heutigen Maßstäben künstlerisch höchstrangige Werke – die Madonnenfigur Michael Pachers in der Franziskanerkirche der Landeshauptstadt etwa existiert nur mehr, weil sie ein auch um 1700 noch verehrtes Kultbild war. Johann Bernhard Fischer von Erlach hat sie deshalb genial in seinen Altaraufbau integriert. Die Franziskanerkirche bietet übrigens ein prägnantes Beispiel für den Umgang des Barock mit der ihm ästhetisch recht widerwärtigen mittelalterlichen Kunst: Die Westfassade dieser Kirche enthält noch das romanische Trichterportal, aber in welchem Zustand! Aller Plastik und Malerei entkleidet, beschränkt auf die bloße Form des Gewändes und der Archivolte. Einst wird über dem Tor höchstwahrscheinlich eine Mariendarstellung auf die Kirchenpatronin hingewiesen haben, wohl ähnlich gestaltet wie jenes Tympanon aus dem Dom, das sich jetzt im Museum befindet. Ein winziger Rest im Sockelbereich, die sog. Schwurhand[21], erinnert daran, dass auch hier, wie am Südeingang, einmal ein reiches figurales Leben existiert haben wird.

So ist vom romanischen Dom der mittelalterlichen Erzbischöfe außer dem Taufbecken nur mehr ein Portallöwe übrig (Abb. 4), der jetzt im Hauseingang der Sigmund-Haffner-Gasse Nr. 16 seinen einsamen Platz gefunden hat.[22] „Ex ungue leonem“, oder: Aus diesem einen Überrest kann man auf den Reichtum an bauplastischem

Abb. 4 **Portallöwe, Salzburg, ehem. Dom, um 1200**

Schmuck schließen, mit dem der Dom des 13. Jahrhunderts geprunkt haben wird. Wie viele mittelalterliche Werke müssen in Österreich und Bayern der gegenreformatorischen Barockisierung zum Opfer gefallen sein (die etwa in Frankreich die meiste Bauplastik verschont hat oder in den protestantischen Gebieten wie Gotland kaum zum Zuge kam)! Wenn man z. B. in der Salzburger Kirche der Benediktiner, St. Peter, die barocke Überarbeitung der romanischen Kapitelle entfernen würde (was aufgrund ihrer hohen Qualität nicht infrage käme), hätten wir vielleicht einige Zeugen mehr, wie dort ja auch die romanische Wandmalerei noch unter der Bemalung bzw. Stuckatur des 18. Jahrhunderts offenbar zum guten Teil intakt verborgen liegt, wie einige Suchschnitte zeigen.

Zu bedenken ist auch, dass manche plastische Applikationen zwar noch existieren, aber durch Verwitterung oder Abschleifung so gut wie unkenntlich geworden sind. Dies gilt für einige der Köpfchen am Portalsockel der Franziskanerkirche (Abb. 39), die man als solche nur identifizieren kann, weil andere die gemeinte Form noch erkennen lassen (Abb. 77). Ähnlich finden sich am Portal der Torrener Nikolauskirche zwei Konsolen, die früher Statuen getragen haben. Bei ganz genauer Betrachtung erkennt man, dass der Steinmetz die linke als Gesicht gestaltet hat, das aber heute beschädigt und stark verschliffen ist. Die rechte Konsole dagegen hat eine nicht figurale, kugelige Form – ob von Beginn an oder durch Abarbeitung eines auch dort originalen Köpfchens, lässt sich nicht entscheiden.

Schließlich sei noch daran erinnert, dass – wie wenig bekannt – noch im 12. Jahrhundert keineswegs alle Kirchenbauten im Heiligen Römischen Reich aus Stein errichtet waren (genauso wenig wie alle Burgen und schon gar nicht alle Stadthäuser). Für damals sind etwa in Oberösterreich die Kirchen in Oberrauchenödt und Reichersberg, für Vorarlberg jene in Bregenz und Andelsbuch als Holzbauten nachgewiesen.[23] Was an Werken der Holzbildhauer an solchen Gotteshäusern angebracht gewesen sein mochte, ist selbstverständlich vollkommen untergegangen. Dass es natürlich Schreckköpfe auch in diesem Material gab, bezeugt z.B. jenes die Zunge zeigende Gorgonenhaupt, auf dem der lebensgroße Gekreuzigte eines geschnitzten Kruzifixes in Enghausen (Landkreis Freising) steht.[24]

Eine nicht unbedeutende Anzahl Salzburger Kirchen scheint allerdings nie figurale Bauplastik besessen zu haben (etwa Altenmarkt). Ob dies in den Traditionen der jeweiligen Bauhütte begründet ist, ob im Wunsch der Auftraggeber des Baues, lässt sich nicht mehr eruieren. Immerhin besteht stets die Möglichkeit, dass ursprünglich Köpfe nur gemalt vorhanden waren, etwa in den Zwickeln der Gewölbe (wie z.B. in St. Leonhard in Oberösterreich; häufig in dänischen Kirchen, auch in Norddeutschland[25]). Diese konnten noch leichter als plastische Konsolen etc. entfernt oder übertüncht werden. Doch gibt es heute im gesamten betrachteten Gebiet nur mehr einen einzigen gemalten Kopf, er verbirgt sich in den Pflanzenranken, die einen riesigen hl. Christophorus an der Außenwand der Pfarrwerfener Kirche umrahmen (Abb. 163, 164). Unwahrscheinlich genug, dass er zu seiner Entstehungszeit um 1500 ein Unikat gewesen sein sollte. Die kleinen gemalten Büsten in der Eingangszone der Kuchler Pfarrkirche (Abb. 119) gehören übrigens nicht in unseren Kontext, sondern stellen eine Generationsfolge biblischer Figuren dar.

BAUPLASTIK UND ARCHITEKTUR

Integrierte und applizierte Köpfe

Man kann Skulpturen am Bau prinzipiell unter verschiedenen Gesichtspunkten betrachten. Zuerst am besten im Verhältnis zur Architektur, wobei sich einige immer wiederkehrende Konfigurationen ergeben: Wenn die Gesichter und anderen Figuren eindeutig schon in der Planungsphase des Baues vorgesehen waren, wird man von integrierter Bauplastik sprechen. In der Romanik war die figurale Portalplastik so konzipiert, dass sie teils fester Bestandteil der tragenden Komponenten war, etwa die Tiere und Köpfchen am Südportal der Salzburger Franziskanerkirche (Abb. 112), teils wurde sie als an sich austauschbares Element eingesetzt, wie das Tympanon ebendort. Ebenso müssen die Figurenkapitelle der Kreuzgänge von Anfang an geplant gewesen sein, wenn sie aus einem Stück mit Basis und Säule gefertigt wurden (eindrucksvoll erhalten in Berchtesgaden, Stiftskirche Abb. 72). Ein Gleiches gilt für die bisweilen als Menschen- oder Tierhaupt gestalteten Ecksporne romanischer Säulenbasen (Berchtesgadener Kreuzgang (Abb. 67); Freising, Domkrypta (Abb. 74, 75); Regensburg, St. Jakob). Selbst wie nachträglich und unorganisch ‚angeklebt' wirkende Köpfe können jedoch in einem Stück aus dem tragenden Stein herausgehauen worden sein, wovon ein Beispiel im Gewölbe der Kirche zu Mariapfarr zeugt (Abb. 97). Auch müssen etwa, um noch ein gotisches Stück zu nennen, die Köpfe unter dem Frauenchor der Nonnberger Abtei von Anbeginn an gewollt gewesen sein, weil sie aus den Basen der achteckigen Pfeiler herausgehauen wurden. Sehr oft trifft man in dieser Epoche auf solche verbindlich zum Bau gehörigen Elemente in der Verwendung als Konsolen, die eine Gewölberippe tragen (wie im Chor der Buchberger Kirche Abb. 37), als Schlusssteine, in denen sich diese Rippen im Scheitelpunkt (wie in der Pfarrkirche zu Zell am See) treffen, gern auch als Kapitelle (kein Beispiel in Salzburg).

Weniger häufig handelt es sich dagegen um Applikationsplastiken, d.h. Skulpturen, die erst sekundär in den Bau eingefügt wurden. Dies geschah nicht nur im Zuge einer neuzeitlichen Restaurierung (z.B. Bad Reichenhall, St. Nikolaus Abb. 62, 132), sondern auch schon im Mittelalter. Die Köpfe, die vom Irrsdorfer Kirchturm herunterblicken (Abb. 50, 51, 53, 55), sind offensichtlich originär für einen anderen Platz gedacht gewesen, nämlich als Konsolen für Heiligenfiguren, was aus den gekehlten Platten zu erschließen ist, die sie tragen. Natürlich wurden auch alle antiken Spolien (etwa am Kirchturm von St. Veit Abb. 78) an Stellen appliziert, für die sie nie vorgesehen waren. Ebenso ist die Friedhofskirche in Bischofshofen über dem Tor mit einem gotischen Bischofs- oder Abtskopf versehen, der offenbar von einer verlorenen Statue stammt. Dergleichen findet man bisweilen auf Bürgerhäusern in der Nähe des Einganges, wahrscheinlich in apotropäischer Absicht. So wurde ein Kopf des 14. Jahrhunderts in die Fassade eines Hauses der Salzburger Herrengasse eingemauert (Abb. 5). Natürlich lässt sich i.d.R. nicht sagen, wann diese Einfügung erfolgte, sie

Abb. 5 Bürgerhaus, Salzburg, Herrengasse, 14. Jh.

kann mittelalterlich, aber auch erst im Zuge einer Restaurierung vor wenigen Jahren getätigt worden sein.

Ein Element, das in Salzburg im überkommenen Bestand völlig zu fehlen scheint, sind die gotischen Wasserspeier, wie sie seit dem 13. Jahrhundert sonst in vielen Städten an kirchlichen und weltlichen Bauten existierten. Ein Marmorkopf von einem Brunnen eines Salzburger Hauses des 14. Jahrhunderts[26] wird zu Unrecht so bezeichnet, da dieser Terminus den am Dach angebrachten Elementen zur Ableitung des Regenwassers vorbehalten bleiben sollte. Auch jenen Wasserspeiern gleichenden Protomen, die keine praktische Funktion besaßen, also keine Rinne für das Wasser waren, begegnet man hierzulande nicht (ein Beispiel etwa in Regensburg, Minoritenkirche Abb. 91).

Die Positionen von Bildern allgemein und der têtes coupées insbesondere am und im Kirchenraum sagen etwas über die religiöse Mentalität der Zeit aus. Das Gotteshaus, der heilige Raum der Christen auf Erden par excellence, ist ganz allgemein gemäß Sap 11, 21 als Ausdruck des „ordo" organisiert,[27] wobei der Mensch als „deus datus" (gegebener Gott) den Schöpfer nachahmt.[28] Das Heiligste hat seinen Platz in der Mitte: der Hoch- und der Kreuzaltar, auf denen Christus nicht nur stets durch ein Kruzifix symbolisiert wird, sondern in der Liturgie als Hostie und Messwein realpräsent ist. In der Mitte des Baues liegt auch unterirdisch die Krypta, auf oder in deren Altar die Heiligen durch ihre Reliquien realpräsent sind.[29]

Die großen Themen der Heilsgeschichte haben als Bilder in Mosaik, Malerei und Plastik ebenso ihren Platz im Zentrum: außen auf dem Tympanon, innen auf dem Altarretabel, dem Antependium, der Apsiskalotte, als Triumphbogen-Kreuz. Am wichtigsten die Theophanie, die Erscheinung Christi als „maiestas domini", als Gekreuzigter, als Weltenrichter. Die Köpfe dagegen befinden sich wie andere figurale, vegetabile oder geometrische Themen fast stets in einer marginalen oder liminalen Position, also außen und innen im Torgewände, in der Kapitellzone, neben oder über den Fenstern, an den Dachkonsolen, im Chorgestühl etc. Nur eindeutig mit Heiligen zu identifizierende Häupter (von Jesus, Johannes dem Täufer) können etwa in der Mitte eines Tympanons angebracht sein.

Einzelfiguren und Gruppen

Die hier zur Diskussion stehenden Steingesichter kann man auch danach einteilen, ob sie als Einzelfiguren oder als Kollektive erscheinen. Im Salzburgischen hat man nur selten Gruppen von Gesichtern oder Köpfen dargestellt, es gibt solche durchaus in Italien, Frankreich, England[30]. In Salzburg und Bayern sind jedoch die für sich stehenden Einzelköpfe das Typische, die ohne Bezug zu anderen Figuren angebracht wurden.

Eines dieser im betrachteten Gebiet seltenen ‚Bündel' von Köpfen wurde bald nach 1200 für die Klosterkirche von Münchsmünster bei Ingolstadt geschaffen (heute Friedhofsportal in Landshut). Das Trichterportal zeigt hier anstatt der Kapitelle beidseitig eine Reihe von Köpfen, deren Bärte miteinander verflochten sind. Deutungen wie die als Seelen oder als Heilige[31] entbehren freilich einer gesicherten Grundlage. Zusammengehörig erscheinen auch die nebeneinander gereihten Köpfe, welche die Bögen des Rundbogenfrieses der Portalfassade der Regensburger Schottenkirche füllen – sie sind als Menschen, Tiere und Dämonen gestaltet (Abb. 109).

Ein Ensemble bilden ebenso jene Köpfe, die man hoch oben im gotischen Chor der Stiftskirche zu Berchtesgaden an der Nordwand sieht (Abb. 69): Es handelt sich um ein Kapitell, auf dem abwechselnd Gesichter und Trauben zusammengestellt sind. Überraschend wirkt, dass das gegenüberliegende Kapitell an der Südwand ähnlich aufgebaut ist (Abb. 70), aber nur mit pflanzlichen Motiven versehen wurde. In der genannten Kirche sind auch um einen Gewölbeschlussstein vier Köpfe gruppiert (Abb. 165).

Eine Zweiergruppe findet sich in Bad Vigaun, mangels näherer Identifikationsmöglichkeiten soll die Plastik hier „Mutter und Kind" genannt werden (Abb. 6). Das ausdruckslose Antlitz, von langem Haar umrahmt, wird von einem kleinen Kopf begleitet, der schräg daran angepresst erscheint. Eine Deutung auf Maria und Jesus kommt nicht in Betracht, die Bildtradition kannte damals diesen Typ nördlich der Alpen nicht, auch die Anbringung als Gewölbekonsole in großer Höhe spricht nicht dafür. Ziemlich ähnlich ist übrigens eine in die Außenwand der Pfarrkirche von Tramin in Südtirol eingelassene Steinplastik gestaltet. Unklar, ob und in welcher Beziehung, stehen links und rechts vom spätgotischen Eingang in die Stiftskirche am Nonnberg jeweils ein Dämonenkopf (Abb. 3) und eine glatte Maske übereinander (Abb. 38). Letztere lugt aus einer verdrehten Schriftrolle hervor; vielleicht war einst ein erklärender Spruch aufgemalt.

Eine Ausnahmeerscheinung stellt in der mittelalterlichen Bauplastik insgesamt und auch bei uns das Dreigesicht am Irrsdorfer Kirchturm dar (Abb. 7). Ob es in vorchristliche Mythologien führt, darf bezweifelt werden, hier käme die keltische und die slawische Religion in Betracht.[32] Auch eine Beziehung zu dem bisweilen als dreiköpfig geschilderten Idol, das man – angeblich!

Abb. 6 (links): Innenkonsole, Bad Vigaun, Pfarrkirche, 14./15. Jh.
Abb. 7 (rechts): Westfassade, Irrsdorf, Pfarrkirche, 14. Jh.

– insgeheim im – angeblich! – ketzerisch gewordenen Templerorden verehrt hätte,[33] besteht nicht. Wahrscheinlicher führt die Ahnenreihe dieses Monsters jedoch auf den „triceps Beelzebub", den Teufel mit drei Köpfen des apokryphen *Evangelium Nicodemi*[34] zurück, einer der vielen nicht in den Bibelkanon aufgenommenen heiligen Texte der Alten Kirche (diese wurden die ganze Epoche hindurch in Latein und volkssprachlichen Übertragungen viel gelesen und lieferten der bildenden Kunst manche Themen, wie z. B. Christi Abstieg in die Vorhölle oder Mariae Himmelfahrt). In Österreich ist ein ähnlicher Trikephalus etwas jüngeren Datums noch als Konsole in der Pfarrkirche von Guntersdorf bei Hollabrunn zu finden. In Bayern, in Rotthalmünster, hat sich übrigens eine vielleicht in diesen Zusammenhang gehörende interessante Komposition von drei aneinandergedrängten Häuptern im gotischen Gewölbe eines den Zugang zur Kirche eröffnenden Torturmes, des sog. Portalstöckls, erhalten. Stets überrascht, dass jede teuflische Verzerrung fehlt, der Gesichtsausdruck erscheint ruhig, vielleicht richtiger: traurig. Denn Trauer ob des verlorenen Himmelreiches – jeder Dämon war ja bis zum Höllensturz des Luzifer ein Engel – kennzeichnet nach mittelalterlicher Anschauung den Bösen, der bis zum Weltgericht die phantastischsten Selbstquälereien auf sich nehmen würde, wenn er nur wieder das Reich Gottes betreten dürfte.[35] Vielleicht darf man so auch trauernd wirkende Einzelköpfe interpretieren, die sich, wie etwa in Bad Vigaun, durch ihre dienende Funktion (Konsolen) als unterworfene Wesen zu erkennen geben (Abb. 171).

Tierköpfe

Bei den bisher betrachteten Beispielen handelte es sich stets um menschliche oder menschenähnliche Köpfe. Daneben existieren deutlich monströs gestaltete têtes coupées, etwa mit aufgerissenem Maul, bleckenden Zähnen, vorgestreckter Zunge, Hörnern und Spitzohren etc. Zu den ebenfalls international häufigen, in Salzburg jedoch ganz seltenen Tierköpfen besteht ungefähr jede denkbare Übergangsform. Wenn sie an Gebäuden angebracht wurden, kann man mit Sicherheit davon ausgehen, dass sie als unheilabwehrend galten. Schon in römischer Zeit befestigte man ausgetrocknete Wolfsschnauzen als Schutz vor Giftanschlägen und Schadenzauber an den Villen,[36] und im ganzen Alpenraum kennt man die angenagelten Schädel von Hornträgern in ähnlicher Funktion (Abb. 54) (vgl. auch die gekreuzten Pferdeköpfe, s. S. 117).

Eine Gruppe romanischer Fratzen mit gefährlichen Zähnen zeigt sich etwa an der Basis eines Steinfragmentes in der Bad Reichenhaller Zeno-Kirche (Abb. 47). Es dürfte sich um den Rest einer Säulenbasis handeln, wie sie in ausgefeilterer Form etwa im Bergener Universitetsmuseum erhalten ist (ein weiteres Beispiel für die europaweite Verbreitung ikonographischer Typen Abb. 130). Die Bedeutung ist klar: Die Kirche (Säulen sind Symbole der Apostel und Bischöfe)[37] zermalmt die dämonischen Wesen.

In St. Zeno erscheinen an den Rändern der Pflanzenreliefs unter den Tympana (Abb. 45), desgleichen in Salzburg, St. Peter (Abb. 128, 155), wolfsähnliche Tierprofile[38]. Sowohl Tiere als auch dämonisch wirkende Köpfe zieren im Sockelbereich den südlichen Eingang in die Franziskanerkirche der Landeshauptstadt (Abb. 1). Exzeptionell ist freilich die Kleinheit der in die Kehlungen gestellten Häupter[39] (Abb. 112, 152); dass sie, wie es scheint, wenigstens teilweise extra an das Gewände appliziert wurden, macht sie nicht weniger rätselhaft. Möglicherweise wurde hier ein auf romanischen Kirchentoren zu findender Usus ins Gewände übertragen: Die ehernen Domtore in Augsburg (11. Jh.) und jene in S. Zeno Maggiore in Verona (12. Jh.) hatten schon vor Salzburg ähnliche Köpfe appliziert, deren Kleinheit sich aus der geometrischen Gliederung der Reliefs ergibt.[40]

Dämonisch verunstaltet ist der eine oder andere gotische Kopf am Kirchturm in Irrsdorf (Abb. 50, 55). Am ausdrucksstärksten erscheinen noch die den Rachen aufreißenden Tierhäupter am berühmten Faltstuhl der Nonnberger Äbtissinnen, in denen sich kleine Menschenfiguren bewegen – aber sie sind nicht von lokalen Bildschnitzern gefertigt worden, sondern stammen aus Nordfrankreich oder England, wie das Material (Walrosszahn) nahelegt.[41]

Kennt man den schreckenerregenden Reichtum an verzerrten und oft richtig bösartig wirkenden Gesichtern der romanischen Bauplastik v.a. in Frankreich, so muss man den Salzburger Beispielen eine fast ruhige Zurückhaltung bescheinigen. Expressiv unruhige Figuren voll geballter Bewegung – man denke für die Romanik an die Bestiensäule der ehemaligen Abteikirche von Souillac oder, für die Gotik, an manche Wasserspeier der großen Kathedralen (an die echten, nicht an die von Viollet le Duc im 19. Jahrhundert hinzugefügten!)[42] – hat man hierzulande anscheinend überhaupt nicht geschaffen, auch nicht in der Großplastik. Ruhige Zurückhaltung charakterisiert vielmehr auch die Gestalten in den Tympana oder in den geschnitzten Flügelretabeln.

ZUR QUELLENKRITIK

Für alle Zeugnisse der Vergangenheit, seien es Texte, Bilder, Bauwerke oder eben Skulpturen, gilt, dass man sich ihnen nicht ohne methodische Vorüberlegungen nähern kann. Sie sind alle Quellen historischer Erkenntnis, bei denen man nicht nur wissen muss, wie sie zustande kamen, sondern auch, wie ihr gegenwärtiger Zustand zu beurteilen ist, d. h. ob sie im Lauf ihrer langen Geschichte Veränderungen unterworfen waren. Daher einige Worte über die Quellenkritik, die bei diesen in situ befindlichen Objekten der marginalen oder liminalen Skulptur anzuwenden ist. Sie sollte eigentlich selbstverständlich sein, doch ließen sich genügend wissenschaftliche Publikationen nennen, die naiverweise einfach davon ausgehen, der gegebene Bestand sei unmittelbar der originale.[43]

Die nächstliegende Frage ist die nach der Authentizität dieser Plastiken. Aufgrund ihrer exponierten Situierung am Bau waren sie für Beschädigungen leichter anfällig als z. B. flache Ornamentik. So ist zu unterscheiden, was original und was restauriert ist, wobei hier wieder alle Möglichkeiten von genauer Nachahmung des zu ersetzenden Teiles bis zu freier Nachschöpfung oder sogar Erfindung gegeben sind. Ein warnendes Beispiel mögen die erst von Viollet le Duc (1814–1879) für Notre-Dame de Paris geschaffenen Wasserspeier sein, die hartnäckig auch von Mediävisten als authentisch gotisch betrachtet werden.[44]

Das Westportal der Berchtesgadener Stiftskirche bietet ein gutes Beispiel (Abb. 8): Spätromanische Kapitelle wurden dort im Zuge der barocken Fassadengestaltung

Abb. 8 Westportal, Berchtesgaden, Stiftskirche, 12./19. Jh.

1882 historizistisch ‚gefälscht', und zwar unter Heranziehung von Kapitellen aus dem Kreuzgang als Vorbilder.[45] Bei näherer Betrachtung verraten freilich die Gesichtsproportionen und die Augenform, dass es sich um Schöpfungen eines nachmittelalterlichen Bildhauers handelt (Abb. 41) (daneben in der Hohlkehle eine authentisch romanische Maske). Jene romanischen Skulpturen, die man heute an der Apsis der Pfarrkirche von Bad Reichenhall sieht, befinden sich zwar genau in Positionen, die dem einstmals Üblichen entsprechen, nämlich im bzw. am Rundbogenfries unter dem Dach – eingesetzt wurden sie dort jedoch erst in der 2. Hälfte des 19. Jahrhunderts.[46] Nicht selten wurden auch Gesichtsprotome (wie andere Bauplastik auch) bei einer Restaurierung an einen anderen Ort versetzt (z.B. Irrsdorf, Kirchturm Abb. 51; ‚Christuskopf'[47] in der Nonnberger Stiftskirche über dem Grab der Einsiedlerin Willa Abb. 82).

Grundlegend ist das Problem der heute fehlenden Farbfassungen. Dass üblicherweise die têtes coupées genauso wie die sonstige Plastik des Mittelalters gefasst (bemalt) waren, ist heute ganz unzweifelhaft.[48] Meist sehen wir sie jetzt jedoch steinsichtig oder neuzeitlich übermalt. So muss man sagen, dass z. B. das so extrem modern-bunte Aussehen der Köpfe in der Pfarrkirche von Markgrönigen (Abb. 166), ein Werk von Restauratoren des 20. Jahrhunderts, immer noch eher dem Eindruck ihrer Entstehungszeit, des ausgehenden 15. Jahrhunderts, nahekommen dürfte als die durchgehend monochromen oder farblosen hierzulande.[49] Die zurückhaltendere Fassung einiger spätgotischer Blattmasken in der Landshuter Martinskirche (Abb. 118, 168) scheint nicht weit vom Originalzustand entfernt zu sein. Nach mittelalterlichen Farbspuren wurde der Georgsdom in Limburg an der Lahn mit einem Farbkleid (Abb. 172) versehen, das den Besucher, der an das steinerne Aussehen dieses Hauptwerkes des Übergangsstils gewohnt war, zunächst schockierte. Trotzdem wird man sich so auch die meiste Salzburger Bauplastik vorstellen müssen. Dagegen wirkt die dunkelrote oder graue Tönung reliefierter Schlusssteine im Kreuzgang von St. Zeno in Bad Reichenhall zwar für unser Empfinden elegant, entspricht aber sicher nicht dem Ursprünglichen: Die dem Munde des Green Man (Abb. 63) entwachsenden Blätter hätten in Grün eingefärbt werden müssen etc. Freilich immer noch besser als die Verschandelung durch dicken weißen Kalk, mit denen die beiden romanischen Konsolköpfe ganz außen an der Westfassade der Altöttinger Pfarrkirche fast bis zur Unkenntlichkeit zugekleistert wurden.

Bei jenen Gesichtern, bei denen die Pupillen der Augen tief in das Material eingebohrt sind, ist übrigens auch mit der Möglichkeit zu rechnen, dass hier dunkle Steine oder Pasten eingesetzt waren,[50] womit der „steinerne Blick“ deutlich an Lebendigkeit gewonnen haben würde. Dies ist etwa bei den Köpfen im Berchtesgadener Kreuzgang anzunehmen (Abb. 9), ebenfalls bei dem Löwen am Aufgang zum Dormitorium ebendort, dessen Augenhöhlungen in der Mitte eindeutig zur Aufnahme einer farbigen Pupille gedacht waren. Zweifelsfrei trifft dasselbe auch für den ehemaligen Salzburger Dom-Löwen in der Sigmund-Haffner-Gasse zu (Abb. 4).

Für die ausgehende Gotik ist freilich zu erwägen, dass der in Salzburg gern verwendete rot-weiß gefleckte Marmor schon an sich sehr lebhaft wirkt, weswegen hier wohl nur eine Höhung (zarte Teilfärbung) vorgesehen war. Gerade damals schuf man auch die ersten Flügelretabel, die nur mehr farbig gehöht wurden,[51] was bei Riemenschneider und anderen Zeitgenossen zum Usus wurde.

Die im Salzburgischen nahezu überall fehlende Farbigkeit ist sicher mit daran schuld, dass auf uns manche Köpfe einen ganz undifferenzierten Eindruck machen und weder der positiven noch der negativen Sphäre zuzuordnen sind. Man kann aber einen Eindruck gewinnen, wie die Originale ausgesehen haben dürften, wenn man isolierte Kopfdarstellungen in der Buch- und Wandmalerei betrachtet. Köpfe sind im letztgenannten Medium zwar in unserer Region nicht vorhanden, aber z. B. in Graubünden, in der Klosterkirche von Müstair, ein gemalter ‚Säulenfresser‘ (um 1180): Das Antlitz ist wie bei sonstigen Menschendarstellungen hautfarbig, die Augen hell-, der Bart und das Haupthaar dunkelbraun.

Schon aus diesen knappen Erwägungen resultiert, dass sich bei präzisem wissenschaftlichem Vorgehen stets ein ganzes Team von Fachleuten jedem dieser steinernen Antlitze widmen müsste, nicht nur Kunsthistoriker, sondern auch Bauhistoriker, Farbchemiker, Restauratoren, Archivare etc. Man müsste Einsicht in alle Restaurierungsberichte nehmen können, was freilich für die vorliegende Darstellung genauso wenig zu leisten war wie die Einbindung von Experten aus den genannten Disziplinen.

Abb. 9 **Kreuzgang, Berchtesgaden, Stiftskirche, 1. H. 13. Jh.**

FORMALE GESTALTUNG

Was die formale Gestaltung betrifft, so wirken stets die bewusste individuelle Erfahrung und Gestaltungskraft des Bildhauers zusammen mit seinen unbewussten archetypischen Vorstellungen sowie – im Mittelalter aufgrund des hohen Ranges von Autoritäten[52] besonders wichtig – einer Vorlage. Letztere konnte ein älteres Kunstobjekt unmittelbar sein, die Erinnerung an dieses, eine Zeichnung in einem Musterbuch, ein Skizze auf einem Einzelblatt etc.

Nicht wenige der romanischen Köpfe lassen, was ihre Vorlage betrifft, auf ein provinzialrömisches Porträt aus dem Funeralzusammenhang schließen oder auf ein Werk aus dem Komplex der Verehrung des Genius des Imperators, und auch löwenköpfige Wasserspeier oder gorgonenförmige Schlussziegel aus Terrakotta mögen aus dem Altertum vereinzelt bis ins Mittelalter überlebt haben. Eines der kleinen Gesichter am Trichterportal der Franziskanerkirche (Abb. 10) erinnert einigermaßen an antike Vorlagen; man darf wohl ein unheilabwehrendes Gorgonenhaupt darin sehen, wie es sich z.B. auch im gotischen Gestühl des Domes von Lund (Abb. 49) findet.

Ebenso konnte antikes Geschirr mit Kopfplastiken als Anregung gewirkt haben, im Schatzfund von Panagjurište (im Nationalmuseum in Sofia) etwa sind kopfförmige Trinkgefäße und eine Platte aus Thrakien erhalten, die ganz mit in konzentrischen Ringen angeordneten Negerköpfen dekoriert ist; Köpfe, von vorne gesehen und im Profil, waren fraglos auch auf Gemmen, Münzen und Medaillen bewahrt.

Abb. 10 Südportal, Salzburg, Franziskanerkirche, A. 13. Jh.

Man sollte sich bewusst machen, dass man auf Überreste der Antike im Mittelalter noch häufiger stoßen konnte als heute und dass plastizierte Köpfe vor der Christianisierung vielfach in Verwendung standen. Die „oscilla" (Mündchen, Köpfchen) z.B. waren scheibenförmige Amulette, die im Freien in den Wind gehängt wurden, um Unheil von Menschen abzuwenden und umgekehrt das Wachstum der Nutzpflanzen zu fördern.[53] Viele waren als Bacchusmasken gestaltet, nicht nur in Wachs, sondern auch als Terrakotten – welcher Leser des Vergil würde sich nicht daran erinnern, dass diesem Gott das Landvolk „oscilla ex alta suspendunt"[54] (Oscilla von der Höhe [der Bäume] aufhängt)? Dieser Brauch wird in die norische Provinz genauso Eingang gefunden haben wie in die anderen, und wenn man dergleichen aus der Erde holte, konnte dies leicht auch in die Hand von Steinbildhauern gelangen und als Vorbild dienen. Ein Gleiches gilt von den „phalerae", den runden Metallplatten mit dem Kopf eines Gottes oder Kaisers, die von Zivilisten als Schmuck, von Militärs als Auszeichnung getragen wurden, oder von den auch in den römischen Provinzen verbreiteten tönernen Kopfurnen, dem vorrömischen keltischen Schmuck, der nicht selten das Maskenmotiv zeigt, etc.

Ein exzeptionelles Gedicht des Archidiakons Fulcoius von Beauvais (2. H. 11. Jh.) beschreibt das Interesse, das ein gebildeter und dichterisch begabter Mann der Kirche im hohen Mittelalter beim Fund einer antiken Kopfplastik zeigen konnte. Ein Bauer hatte beim Pflügen ein antikes Haupt ausgegraben:

Er fand einen skulptierten Kopf, der keinem unsrigen gleicht – nichts Lebendigem, nichts, was immer ein Mensch darstellt.
Ein erschreckendes Haupt, und dennoch in diesem Schrecken schmuck, von entsetzlichem Blick, doch ist dieses Entsetzen selbst angebracht:
Rachen und Mund wild, in ihrer Wildheit doch schön, weil eine unförmige Form passte zu seiner Schönheit.
...
Dieser Ort ist ein Heiligtum des Mars, und dieses unheilige Haupt ist das des Mars, den nur die Unwissenheit für einen Gott halten kann.

Nulli par nostro sculptum caput inuenit unum, –
...
Nulli quod uivat, quodque figuret homo.
Horrendum caput et tamen hoc horrôre décorum,
Lumine terrifico, terror et ipse decet:
Rictibus, ore fero, feritate sua speciosum,
Deformis formae forma quod apta foret.
...
Hic Martis fanum locus est Martisque profanum
Hoc caput est, error quem putat esse deum.[55]

Ganz deutlich wird das Faszinosum, das aus Furcht und Anziehung entsteht: Furcht, weil es sich um einen heidnischen „Götzen" handelte, Anziehung, weil für einen Dichter, der sich ausführlich mit der römischen Literatur beschäftigt hatte, die Ästhetik des Werkes nicht zu leugnen war. So gut über die römische Religion informiert, dass der Geistliche die Identifikation mit dem Haupt einer Statue des Mars wagt, doch nichtsdestoweniger verunsichert, endet Fulcoius sein Gedicht mit einem Aufruf, nur den Monotheismus gelten zu lassen.

Wenn nun bezeugt ist, dass im niederösterreichischen Göttweig ein Tempel des Mars gestanden hatte, von dem man im 12. Jahrhundert immer noch „Idole" fand,[56] weswegen sollte ein Gleiches im Bundesland Salzburg nicht ebenso vorgekommen sein, auch wenn es nicht überliefert wurde? Schließlich war hier die Akkulturation mit der römischen Kultur genauso erfolgt.

Zur Herkunft der „têtes coupées"

Sieht man von der formalen Herleitung aus der provinzialrömischen Plastik ab, erinnert der Brauch, solche têtes coupées an den Wänden oder Säulen zu applizieren, als Nächstes an den Schädelkult der keltischen Kultur[57]. Dort war es in vorchristlicher Zeit ja nicht ungewöhnlich, die Köpfe getöteter Feinde an Tempeln oder Häusern anzubringen, wozu es manche Parallelen aus dem Kriegsbrauch von rezenten außereuropäischen Stämmen gibt.

Jedoch ist nicht zu erkennen, wie dieser Usus von Bildhauern des Mittelalters hätte rezipiert werden können, die nicht nur zeitlich viele Jahrhunderte von den keltischen Bewohnern Noricums getrennt waren, sondern auch als Christen unmöglich vielleicht noch von ferne bekannte heidnische Traditionen weiterführen konnten. Mit Nachdruck ist gegen die Überbewertung der bisweilen vertretenen Hypothese von der absichtlichen Aufnahme vorchristlicher religiöser Motive in der romanischen Bauplastik darauf hinzuweisen, dass jede mittelalterliche Kirche vom zuständigen Bischof oder dessen Vertreter geweiht werden musste, die kaum solche Rückfälle

Abb. 11 Keltorömischer Kopf, Salzburg Museum

akzeptiert hätten. Offensichtlich erscheint dagegen, dass durch einzelne damals noch erhaltene keltische bzw. provinzialrömische Plastiken formale Anregungen vermittelt wurden. Kopfskulpturen, entsprechend etwa den berühmten aus dem südfranzösischen Entremont, können durchaus auch von den hiesigen Kelten geschaffen worden sein und vereinzelt im Mittelalter noch existiert haben, wie ein heute noch im Salzburger Museum aufbewahrtes Exemplar nahelegt (Abb. 11).

Antike Werke überlebten auch, als Spolien wiederverwendet, etwa in Kirchenwände eingemauert, wodurch sie für alle sichtbar blieben (z. B. St. Veit, Kirchturm Abb. 78). Wenn – was tatsächlich der Fall ist – die romanischen Köpfe in ihrer Archaik bisweilen im Aussehen kaum von provinzialrömischen zu unterscheiden sind, so ist die

Wahrscheinlichkeit, es handle sich hier um jahrhundertealte Traditionen der Steinbildhauer, ausgesprochen gering. Wesentlich näher wird man der Wahrheit kommen, wenn man davon ausgeht, Köpfe der im 12. Jahrhundert wohl noch viel häufiger zu sehenden keltoromanischen Überreste wären nachgeahmt worden – aber mit einer neuen, mit der christlichen Religion kompatiblen Bedeutung. Man wird also von einem Funktionswandel bei formaler Konstanz sprechen.

Einzelne Motive der mittelalterlichen Kunst kamen auch aus dem Orient, wie v.a. Baltrusaitis[58] gezeigt hat. Ein besonders wichtiges Medium waren dabei Textilien, die ungeachtet ihrer buddhistischen oder islamischen Herkunft oft und oft auch für kirchliche Paramente und liturgische Gewänder Verwendung fanden.[59]

Frühmittelalter, Romanik und Gotik

Hier ein Aufriss der Entwicklung unseres Motivs in der Kunst zwischen 500 und 1500: Im christlichen Frühmittelalter gab es nur eine sehr schwache Tradition von Kopfdarstellungen am und im Kirchenbau; in der Kleinkunst war das Motiv dagegen durchaus bekannt (z.B. auf germanischen Goldblattkreuzen und Fibeln). Immerhin finden sich nicht ganz entfernt von unserem Gebiet, nämlich in Sankt Benedikt im Südtiroler Mals, Stuckkapitelle, die Masken und Löwen tragen. Sie werden, so wie die viel bekannteren Wandmalereien im Innern des Gotteshauses, in die karolingische Epoche datiert. Damals malte man auch gelegentlich Köpfe in Text-Initialen oder in den Ornamentbereich von Wandfresken. Doch erst ab dem 11. Jahrhundert werden die Kopfplastiken häufiger, ihre Blüte währt vom 12. bis 15. Jahrhundert. In Altbayern beginnt man im 12. Jahrhundert, solche Elemente in den Bau zu integrieren, in Salzburg erst ab dem frühen 13. Jahrhundert[60]. Hier scheint „lombardisches Formengut“[61], also Einflüsse aus Oberitalien, wichtig gewesen zu sein. Doch hilft diese Beobachtung hinsichtlich der Entschlüsselung der Funktion solcher Bauelemente nicht weiter, da es aus Italien genauso wenig zeitgenössische Texte gibt, die darüber aufklären würden, wie aus den Ländern nördlich der Alpen.

Das ‚Design' der têtes coupées mündet in der Epoche der Romanik fast regelmäßig, ob aufgrund konkreter antiker Anregungen oder nicht, in völlig unbewegten, streng bilateral symmetrischen Gesichtern, die auf die wichtigsten Elemente (Augen, Nase, Mund) reduziert erscheinen, welche oft unrealistisch groß gegeben sind. Sie folgen im Prinzip alle der gleichen Gesetzmäßigkeit des Kubus oder Ellipsoids. Eine geometrische Form, in der Natur das Ei, bildete somit die Grundstruktur, nicht ein natürliches Cranium. Die Oberfläche bzw. ‚Haut' ist oft ganz geglättet. Weitgehend trifft zu, was Karlinger von der Frühromanik in Regensburg schreibt: „Gesetzmäßigkeit des Kubischen“, „geometrische Strenge“, „Beherrschung alles Binnenlebens durch Totalität“, „Aufbau auf dem Gegengewicht von geschlossenen, dort geometrischen, hier stereometrischen Elementen einfacher Ordnung; Auftrag, nicht Modellierung ...“[62]

Ob die ursprünglich fast immer anzunehmende Bemalung diesen Eindruck noch verstärkt oder eher gemildert hat, wird von Fall zu Fall verschieden gewesen sein. Romanische Tierköpfe und Phantasiewesen zeigen noch eher Mimik als Menschenhäupter, weisen ab und an auch

Abb. 12 Apsis, Schöngrabern, Pfarrkirche, 1. H. 13. Jh.

grobe Narben oder Falten auf, wie am eindrucksvollsten ein Dämonenhaupt am Eingang der Stiftskirche zu Millstatt (Abb. 114). An der Apsis der romanischen Kirche zu Schöngrabern (Niederösterreich), die in Österreich den reichsten Figurenzyklus trägt, ist Satan bei der Verführung des ersten Menschenpaares sehr deutlich auf diese Weise gekennzeichnet (Abb. 12), womit die Bedeutung dieser Merkmale festgelegt erscheint.

Was die Hochkunst betrifft, könnte man die Phase vom ausgehenden 11. bis in die erste Hälfte des 13. Jahrhunderts unter den Titel „Symbolköpfe der Romanik" stellen.[63] Die dominierenden formalen Prinzipien der meisten Köpfe sind ellipsoide Grundstruktur, bilaterale Symmetrie, Ausdruckslosigkeit, Blick in die Ferne. „Individualköpfe der Gotik" wäre ein plakativer Titel für die um die Mitte des 12. Jahrhunderts in Frankreich einsetzende Entwicklung, die bis ins frühe 16. Jahrhundert andauern sollte. Schon an und in den berühmten hochgotischen Kathedralen finden sich zahlreiche Beispiele, besonders vielfältig in Reims, und auch England wartet mit bedeutenden Beispielen auf, etwa Salisbury[64].

Man könnte nunmehr bei den steinernen Gesichtern analog zur gemalten spätgotischen Körperdarstellung[65] von verschiedenen Typen sprechen, nämlich den höfisch-idealen, den grotesk in Tiere transformierten, den bekleideten (Hut), den nackten Köpfen ... Nochmals sei jedoch darauf hingewiesen, dass sich bei uns oft nicht nur in abgelegeneren Kirchen bis ins Spätmittelalter der ältere, starre Typus halten sollte, allein die Grundform erscheint gotisch abgewandelt.

Dominierend wird damals in den führenden Kunstregionen jedoch eine Kopfdarstellung, die innovativ den Zugewinn an Wirklichkeitssinn verbildlicht, der das hohe und späte Mittelalter kennzeichnet, sowohl in der bildenden Kunst als auch in der Literatur. Die Köpfe werden lebendig, richtig proportioniert, geben anatomische Details wieder, zeigen Mimik und fordern so den Betrachter zu differenzierten Reaktionen auf. Diese Entwicklung setzt natürlich schon im Übergangsstil der ersten Hälfte des 13. Jahrhunderts ein, man betrachte etwa das starre Haupt neben dem verzerrten im plastischen Schmuck des Riesentores von St. Stephan zu Wien (Abb. 26).

Das Hochmittelalter, also die Epoche der beginnenden Gotik, war von heftigen Umbrüchen in fast allen Lebensbereichen charakterisiert – eine Achsenzeit der europäischen Geschichte. Die rasante Bevölkerungsvermehrung führte zu zahlreichen Veränderungen, so zu einer Zunahme der Kommunikation (vermehrte Handels- und Pilgerfahrten, Verschriftlichung), einer Pluralisierung der Lebensformen (die urbane tritt neben die ländliche und die klösterliche), einer Lösung des Ich-Bewusstseins aus der ‚gebundenen' Gruppenmentalität des frühen Mittelalters, die einer Entdeckung des Individuums oder des Selbst im Rahmen eines Zugewinnes an Wirklichkeitssinn gleichkommt.

Jene Ära erlebte weiter das Auseinanderbrechen von vordem eine Einheit bildenden Heiligem und Profanem (Investiturstreit), die Entdeckung der Liebe in der weltlichen (Trobadors, Liebesroman) und religiösen Sphäre (Mystik) u. v. a. Eine wesentliche Hilfe bot dabei, vornehmlich im profanen Bereich, die verstärkte Rückwendung zur vorchristlichen Antike (‚Renaissance des 12. Jahrhunderts')[66]. Der wirtschaftliche Aufschwung ermöglichte hochgestellten Laien das Leben einer ‚Leisured Class', die Zeit für Kulturschöpfungen hatte (überlieferungsbedingt am besten greifbar in der höfischen Literatur), gestattete eine stärkere Zuwendung zu den positiven Seiten des Lebens. Gleichzeitig trug sie zu einem (wenn auch vorerst nur unmerklich) beschleunigten und nicht mehr nur agrarisch gelenkten Lebensrhythmus bei.[67]

Auch die Formgebung der Köpfe ändert sich damals signifikant. Beginn und Zentrum dieser Erneuerung lagen in Frankreich, das im ganzen Mittelalter die kulturell führende Nation war, von den anderen immer wieder nachgeahmt, sowohl was die Literatur als auch was die Kunst anging. Dabei kam es zu einer deutlichen zeitlichen Verzögerung: Der Brauch der Romanik, Bauplastik figuraler Gestaltung zu verwenden, der im Westen schon bald nach 1000 eingesetzt hatte, ist im deutschen Südosten nicht vor dem 12. Jahrhundert zu fassen; und auch der gotische Stil sollte erst mit etwa drei Generationen Verspätung in die deutschsprachigen Länder gelangen. In Berchtesgaden z. B. arbeitete man noch um 1300 in den romanischen Traditionen, was zeigt, „wie ungern man sich im südostbayerischen Raum vom alten Stil trennen mochte"[68].

Wie kam es zu der genannten Innovation? Man darf annehmen, dass die gelehrten Auftraggeber der Vorbild gebenden gotischen Großbauten, wie es besonders die französischen Kathedralen waren, die Bildhauer mit Gestaltungskonzepten konfrontierten, in die auch damals aktuelles Bildungsgut einfloss. Was die plastischen Gesichter betrifft, so kam hier die als Wissenschaft geltende Physiognomie[69] zum Zuge, wurden doch die entsprechenden antiken Schriften in der ‚Renaissance' des Hochmittelalters wiederentdeckt. Besonders verbreitet war der diesem Thema gewidmete Text des pseudoaristotelischen Secretum secretorum, im 12. und 13. Jahrhundert aus dem Arabischen ins Lateinische übersetzt. Dort sind kurz die Eigenschaften jedes Körperteiles angegeben, z. B. deuten große Ohren auf Faulheit, kleine auf Dummheit, Diebsgelüste und Wollust, etc.[70]

Das Paradebeispiel für den innovativen Wandel sind die ‚Masken' an der Reimser Kathedrale,[71] sie weisen eine solche Vielfalt mimetischer Ausdrucksformen auf, „die offenbar die gnadenlosen Seelen, Besessene, Geisteskranke und Heiden darstellen. An Genialität der Menschenbeobachtung kaum je übertroffen."[72] Doch gehen sie in den heftigen Ausdrücken des Lachens, Leidens, Spottes ... aller möglichen Emotionen also, weiter als die physiognomischen Texte und sind ohne Naturstudien undenkbar.

In ganz Europa findet sich Ähnliches bis zum Ende des Mittelalters häufig, nicht selten haben die Plastiker auch besonders durch Verzerrungen und Proportionsänderungen richtiggehende Groteskköpfe geschaffen, die der Karikatur nahekommen.[73] Über viele Zwischenglieder erreichten diese künstlerischen Neugestaltungen auch unser Gebiet, wo sie freilich nur in sehr zurückhaltender Weise aufgenommen wurden. Physiognomisch bemerkenswerte têtes coupées, wie sie z. B. die Bingener Martinskirche in eindrucksvoller Ausführung enthält (Abb. 169, 170), sind hierzulande kaum bekannt. Am ehesten können noch die flachen Gesichter auf den Kapitellen im Westen der Kirche zu Irrsdorf in diese Linie gestellt werden (Abb. 102). Bei den Nonnberger Köpfen (s. S. 106 ff) halten sich innere Starre und äußerlicher Realismus quasi die Waage.

Die gotischen Antlitze besitzen ein individualisiertes, anatomisch richtiges Gesichtsrelief, das Angaben über Alter, Geschlecht und Stimmung der ‚Dargestellten' erlaubt. Das geht so weit, dass man auch ethnische Merkmale ausdrückte, wie eine leider restauratorisch unbehandelte Büste im Turmbereich der Radstädter Pfarrkirche außen zeigt (Abb. 13): Aufgeworfene Lippen und Kraushaar scheinen auf einen negroiden Typ verweisen zu wollen, im Mittelalter eine Form des Dämons.

Dazu kommen in der Gotik gern (die zuvor fast ganz fehlenden) Kopfbedeckungen, oft als Indikatoren der sozialen Stellung, bisweilen aber auch – für uns – unentzifferbar (so im Chor der Kirche zu Mariapfarr Abb. 120, 121, 140, 141). Emphatisch bewegt, eindeutig traurig, schmerzerfüllt, aber auch lachend sind viele dieser Plastiken gestaltet. Wo diese Köpfe nicht direkt schrecken wollen, bewirken sie eher ein Gefühl der Vertrautheit, denn ihre Emotionen können nachempfunden werden. Solche Werke rufen nicht mehr distanzierendes Empfinden hervor, sondern ermöglichen eine averbale Kommunikation im Sinne von positivem Kontakt: Köpfe, die auffordern zum Wundern, Bewundern, zum Lächeln, zum Fürchten ...

Dieser Ersatz gleichmachender Typisierung durch individualisierende Charakteristik stehe hier als Chiffre für die genannte Entdeckung des Individuums – eine zentrale Komponente in der Mentalität des Hochmittelalters.

Die Gotik legte im Unterschied zum vorherigen Stil die einzelnen Gesichtstypen genauer fest (war sie ja auch ein Zeitalter der Verschriftlichung); derselbe groteske Kopf etwa konnte ähnlich als tête coupée am Bau vorkommen oder als Henkervisage in einem illuminierten Heiligenleben etc. Zweifelsohne stammen auch hier Impulse aus der antiken Plastik,[74] wie es der gesamten kulturellen Entwicklung des 12. und 13. Jahrhunderts entsprach (vgl. in der Literatur den Antikenroman, in der Philosophie die Aristoteles-Rezeption etc.). Doch im Unterschied zum vereinfachenden und verfremdenden Umgang des romanischen Künstlers mit solchen Vorlagen konnte sie der gotische bereits viel adäquater aufnehmen, weil er aus einer der antiken wieder ähnlicheren Mentalität schuf.[75]

Soweit die generelle Tendenz der Entwicklung, die natürlich nur von den progressiveren Künstlern mitgemacht wurde, weswegen auch im späten Mittelalter noch einzelne geradezu atavistisch wirkende Werke geschaffen wurden.

Abb. 13 **Außenkonsole, Radstadt, Pfarrkirche, 14. Jh.**

Schließlich muss man sich vor Augen halten, dass in ganz Europa die mittelalterlichen têtes coupées der Form nach keine Sondergestaltungen repräsentieren, sondern nach dem jeweiligen zeitlichen und lokalen Stil gearbeitet wurden, sodass in der Romanik das Gesichtsrelief etwa eines Herrschers (Abb. 14), eines Heiligen oder auch Christi von dem eines symbolischen Maskenkopfes nicht viel abwich. Nur ikonographische Attribute (wie die Bartform) und der Zusammenhang (Fehlen des Körpers, Position im Raum) steuern das Verständnis des Betrachters.

Abb. 14
Friedrich Barbarossa, Bad Reichenhall, St. Zeno, Kreuzgang, 12. Jh.

PSYCHOLOGIE DER FASZINATION

Man fragt sich, wie die psychische Wirkung solcher an und für sich regungslos an den Bau applizierten steinernen Köpfe zu erklären ist, denn sie lösen beim Betrachter eine Reaktion aus, sind ein Beispiel für die „Macht der Bilder“[76]. Dies ist eine Frage der Wahrnehmungspsychologie, hat aber auch kulturspezifische Aspekte. Der mittelalterliche Mensch hielt ein mögliches direktes Eingreifen übernatürlicher Kräfte in unsere Welt für unbezweifelbar möglich, das Wunder war nicht nur ein dogmatisch festgeschriebenes Glaubensmoment, sondern auch ein ganz praktisch erwartetes, wie z. B. die unzähligen Pilgerfahrten Kranker zu Gnadenorten beweisen. In einem solchen Weltbild war auch der tote Körper oder ein Teil von ihm wesentlich ‚lebendiger' als in dem unsrigen. Es gibt tausende Quellen, die von ihren Ort wechselnden Reliquien und Kultbildern berichten, sich bewegende Leichen von als Heilige verehrten Personen eingeschlossen. Auch der Kopf eines Toten konnte noch aktiv werden, wie man es von der Kanzel predigen hörte: Ein Räuber wurde einst enthauptet – sein Kopf hörte aber nicht auf, die Hilfe der Jungfrau zu erflehen, um noch beichten zu können. Dem herbeigerufenen Geistlichen erklärte er, er habe Maria zu Ehren oft gefastet, die ihn deshalb tatsächlich auf diese Weise vor der Hölle rettete.[77] Noch mächtiger waren die Häupter der Heiligen: Als Johannes dem Täufer das Haupt abgeschlagen wurde, blies dieses der Herodias ins Gesicht, worauf sie sogleich den Geist aufgab.[78]

Doch nicht um diese Art von Macht soll es hier gehen, die vielleicht auch dem einen oder anderen der têtes coupées zugeschrieben wurde. Vielmehr ist zu fragen: Was passiert im Betrachter, wenn er sich mit derartigen Darstellungen konfrontiert sieht?[79] Die typisierten, starren, mehrdeutigen ‚Maskenköpfe' erzeugen bei ihm jedenfalls ein Gefühl von Fremdheit und Bedrohung. Fremdheit auch deswegen, weil ein Bauwerk aus totem Holz oder Stein zum Träger menschlicher und tierischer Körperteile wird, wodurch es ein Moment der Verlebendigung empfängt. V.a. für die Romanik gilt wohl: Jedes Mal evozieren diese Werke die Präsenz einer Person, evozieren auch Überwachung (namentlich wenn man den Kopf zu ihnen erheben muss), vielleicht Bedrohung und jedenfalls die Einschränkung der eigenen Macht (dies gilt natürlich auch für entsprechende, von der Höhe herabstierende Halb- und Ganzfiguren wie z.B. in der Freisinger Krypta Abb. 42). Vor allem das so häufige Starren eines Gesichtes, das dem Gegenüber aufgrund fehlender Mimik nichts von seiner Persönlichkeit oder seiner Gestimmtheit verrät, löst im Betrachter, obwohl nicht direkt auf ihn gerichtet, unangenehme Gefühle wie Scheu oder Furcht aus. Dies ist eine anthropologische Konstante, da die Blickfixierung (auch bei Tieren) einem Angriff vorangeht; man reagiert auf sie schließlich auch körperlich: Ihre Erstarrung lässt auch den Betrachter erstarren, da man ein dargestelltes Gesicht ja ganz unwillkürlich in der eigenen Mimik wiederholt.[80] Selbst areligiösen Beobachtern der Gegenwart dürfte das Faszinosum des Fremden, wie es ganz besonders von romanischen Köpfen ausgeht – besonders eindringlich etwa von denen in Millstatt (Abb. 15) –, nicht entgehen. Nächstverwandt ist übrigens

Abb. 15
Kapitell, Millstatt, Klosterkirche, Kreuzgang, 12. Jh.

der Vorstellungskomplex vom bösen Blick, der gewissen Menschen teilweise noch heute zugeschrieben wird.[81]

Der Kindertherapeut Ralf Frenken hat hier eine so innovative wie einsichtige Erklärung vorgelegt: Offenbar wird unbewusst die Eltern-Kind-Beziehung der ersten postnatalen Lebensphase aktiviert, die, wie wir heute wissen, im ganzen Mittelalter, und besonders im frühen, von ungemein mehr Distanz geprägt war als heute üblich (woran u. a. die einer Fesselung gleichkommende Einfaschung der Babys einen Anteil hatte)[82]. Alle romanischen Köpfe, aber auch viele der späteren, erlauben keine Kommunikation, keine Empathie ist möglich, sie blicken über den Betrachter in eine ferne Welt. In psychoanalytischer Terminologie: Die Imago der aversiven Mutter wird reaktiviert, die Situation der frühen Kindheit unbewusst wiedererlebt – und sie muss auch beim Schöpfungsprozess den Bildhauer geleitet haben. Es sind fast nur negativ besetzte Figuren, die in der marginalen Plastik eine Rolle spielen, was als Bearbeitung des psychisch

Randständigen gesehen werden kann, des Abgespaltenen, Verdrängten, Traumatischen. Eigene Empfindungen von Angst und Aggression sind sicher oft von den Künstlern in diesen Werken gestaltet worden, quasi Verkörperung ihres ‚Schattens'. Die positiven Imagines bekamen dagegen den zentralen Platz auch am Bauwerk, verkörpert besonders in der Darstellung der Muttergottes.

In der Gotik – das soll betont werden – gibt es sehr wohl ebenfalls Kopfprotome, auf die alles eben Gesagte immer noch zutrifft und die sich von den romanischen Objekten nur durch kleine stilistische Änderungen (etwa der Gesichtsproportionen) unterscheiden. In Salzburg sind sie sogar die dominierende Form auch nach der Romanik geblieben, wie die ausdruckslosen Köpfe u. a. in Golling, Bad Vigaun, St. Georgen erkennen lassen (Abb. 171), ebenso die starren Masken auf mehreren scheibenförmigen Schlusssteinen im Gewölbe der St. Veiter Pfarrkirche (Abb. 105). Obwohl erst gegen Ende des 15. Jahrhunderts skulptiert, stellt ein mit reichem ornamentalem Haarschmuck verziertes Haupt an einer Gewölberippe in der Pfarrkirche von Vöcklabruck ein Beispiel dar, das besonders gut zeigt, wie trotz ‚modernerer' Formen die archaische Ausdruckslosigkeit abseits der Kunstzentren gewahrt wurde (Abb. 16). Selbst wenn Details wie Bart und Haare deutlich ausgeformt werden, bleibt die strenge Symmetrie und Emotionslosigkeit des Ausdruckes wie in der Romanik.

Betrachtet man psychohistorisch aber die internationale Entwicklung, so gibt es nun einige Hinweise darauf, dass sich seit dem 12. Jahrhundert in Teilen der Oberschicht das Verhalten der Eltern zu ihren Kindern im Sinne einer größeren Zuwendung änderte. So kritisierten

z. B. Prediger erstmals eine übertriebene Kinderliebe oder es entstanden damals die ersten pädiatrischen Schriften etc. Damit könnte der Umschlag vom typisierenden zum naturnachahmenden Ausdruck in der bildenden Kunst zusammenhängen, welcher ein entscheidendes Moment im Wandel von der Romanik zur Gotik ausmacht. Er impliziert genauere Beobachtung, also einen Zugewinn an Wirklichkeitssinn, und bei der Menschendarstellung eine größere Fähigkeit zur Empathie. Freilich greift diese Hypothese nur, wenn man den ‚Stilwechsel' als eine Komponente des äußerst komplexen hochmittelalterlichen Mentalitätswandels versteht und nicht als eine Entwicklung, die sich bloß in einem isolierten innerkünstlerischen Bereich vollzieht.[83] Eine solche Selbstständigkeit der Künste existierte allerdings im Denken der Maler und Bildhauer vor der Dürerzeit noch nicht. Kunst hatte stets konkrete Funktionen im Leben, seien es religiöse wie die hier behandelten Bauskulpturen, seien es belehrende wie die erzählenden Bildfolgen in der profanen Buchmalerei, seien es propagandistische wie im Herrscherbild, etc.

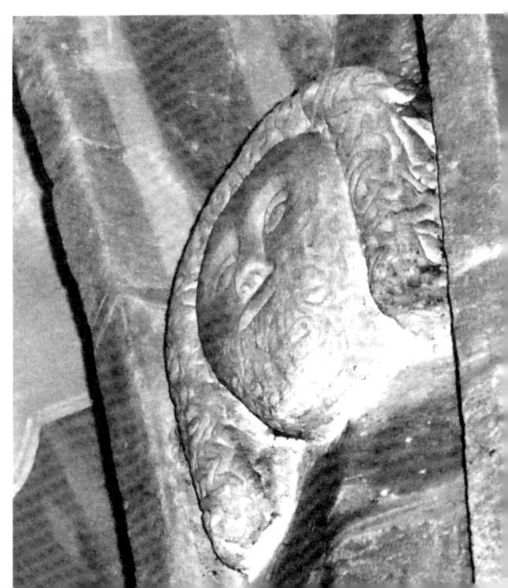

Abb. 16 Konsole, Pfarrkirche Vöcklabruck, um 1500

KÖPFE AUSSERHALB DER ARCHITEKTUR

Natürlich sind alleinstehende Köpfe, Masken und Gesichter kein Phänomen, das auf die Bauplastik beschränkt gewesen wäre. Sie treten im Mittelalter ebenso in der Zeichnung, in der Buchmalerei, auf Wandfresken und Buntglasscheiben sowie im Kunsthandwerk auf. Zu den skulptierten Werken im Bereich der Baukunst bestehen immer stilistische Verwandtschaften, aber nur teilweise solche, die sich auf die Ebene ihrer Bedeutung beziehen.

Die Miniaturmalerei sowohl der Romanik als auch der Gotik bietet wohl die meisten einschlägigen Beispiele, und zwar in ganz Europa. In der ersteren Phase waren neben anderen Gestalten (Menschen, Tiere, Phantasiewesen) besonders die Initialen der bevorzugte Ort, an dem die Maler Köpfe, meist in Vorder- oder Seitenansicht, einfügen konnten. Beispiele wird es auch in der Salzburger Produktion hochwertiger Manuskripte gegeben haben, die freilich im Vergleich zu ihrer Bedeutung – immerhin war diese Metropole nicht nur ein kirchenpolitischer, sondern auch ein kultureller Mittelpunkt im mittelalterlichen Süddeutschland – kunstwissenschaftlich außerordentlich schlecht dokumentiert sind.[84] Man verwendete Einzelköpfe, aber auch in Darstellungen, die sich augenscheinlich am Bau nicht finden. Der Traditionskodex des Freisinger Domherrn Conradus Sacrista, eine Sammlung von Urkunden, datiert mit 1187, ist mit Idealbildern der Bischöfe dieser Stadt geschmückt. Die geistlichen Herren, aber auch weltliche Herrscher, erscheinen hier als

Büsten in Kreismedaillons, bei denen identifizierende Beischriften stehen.[85]

In der Gotik erscheinen solche Häupter eher im Randbereich einer Seite, meist in Verbindung mit pflanzlichen oder sonstigen ornamentalen Figuren. Doch kamen gerade nach Salzburg auch italienische Handschriften juristischer Thematik mit verschiedensten Köpfen und Büsten in den Initialen.[86] Manches übernahmen einheimische Künstler, so etwa im Bernhard-von-Rohr-Brevier aus der Werkstatt von Ulrich Schreier (um 1470): Köpfe im Profil und von vorn, mit Hüten, in Blumen, menschliche und tierische [...][87] (Abb. 159, 160). In anderen Manuskripten sitzen etwa in den Schlingen der Ranken verschiedene Köpfe neben einem mit einem Blasinstrument musizierenden Bären (Salzburger Missale für Seckau, um 1440)[88]; in einem Messbuch aus der Werkstatt der Grillinger-Bibel wächst ein Kopf mit Haube statt einer Blume aus einem gebogenen Stängel (Missale von 1432)[89] etc.

Was die sonstigen dreidimensionalen Künste betrifft, so sind die kleineren Werke der Holzbildhauer in Salzburg besonders schlecht erhalten. Denkt man etwa an die zahlreichen Köpfe, die noch in den spätgotischen Chorgestühlen allein der Kirchen Lübecks erhalten sind[90] – trotz der protestantischen Säuberung –, fällt die Abwesenheit vergleichbarer Stücke hierzulande besonders auf. Ein allerdings stark erneuerter Chorstuhl aus St. Andrä im Lungau wird im Salzburger Museum aufbewahrt, datiert auf 1474,[91] er zeigt ein berühmtes Christus-Symbol, den Pelikan, der seine Jungen mit seinem Blut ernährt. Der Vogel meint den Erlöser, der durch das am Kreuz vergossene Blut, in der Abendmahlfeier liturgisch wiederholt, die Seelen der Menschen gerettet hat. Das Möbel kommt, wie auch das Tamsweger Chorgestühl mit mehreren Tierfiguren, aus der Werkstatt des Petrus Pistorius.[92] Aber wenn man bedenkt, dass um 1500 so gut wie jede Kirche ein ähnliches Gestühl besaß, kann man sich ein Bild von den riesigen Verlusten machen.

Weitere mittelalterliche Produkte des Kunsthandwerkes umfassen etwa Bischofs- und Abtsstäbe; sie enden oft in Tierköpfen, so auch jener des 12. Jahrhunderts, den die Vorsteher des Klosters St. Peter in Salzburg führten:[93] Man kann sich fragen, ob er eher zu einem Hund oder einem Drachen gehört; ein Vergleich mit anderen Stäben lässt Letzteres als richtig erscheinen. Warum dieses Untier als Symbol kirchenamtlicher Würde? Da Schlange und Drache damals kaum unterschieden wurden, ist von entsprechenden Bibelstellen auszugehen, nämlich von der Klugheit der Schlange, die Jesu Jünger besitzen sollten, dann vom Stab des Aaron, der sich in dieses Tier verwandelte, und schließlich von der Ehernen Schlange, die typologisch auf Christus am Kreuz interpretiert wurde.[94]

Es wäre ein Wunder, hätte es in Salzburg nicht auch mittelalterliche Musikinstrumente gegeben, die mit einem Menschen- oder Tierkopf verziert waren, wie wir sie für andere Regionen aus der Buchmalerei und in einigen Originalen kennen. Auch verwendete man gelegentlich kleine Köpfchen aus Metall als Applikationen; aus romanischer Zeit hat man solche in Tirol gefunden.[95]

Als Löwenkopf – auch ein internationales Motiv seit der Romanik – ist ein Türzieher des Portals der Stiftskirche von Baumburg, der Klosterkirche Frauenwörth im Chiemsee, der Tamsweger Wallfahrtskirche gestaltet

(Abb. 17). Diese Figur, deren Geschichte weit zurück in die Antike führt,[96] konnte auch eine Rechtssymbolik ausdrücken, wie sie zwar nicht aus dem Salzburgischen bezeugt ist, doch besonders gut aus Durham in Nordengland: Gelang es einem Flüchtling, ganz gleich, wessen er beschuldigt wurde, mit dem Ring im eisernen Tiermaul an die Tür der Kirche oder des Friedhofes zu klopfen, so wurde ihm Asyl gewährt, die weltliche Gerichtsbarkeit

Abb. 17 Türzieher, Tamsweg, St. Leonhard, 14./15. Jh.

hatte keine Macht mehr über ihn.[97] Unklar ist die Bedeutung eines Pferdekopfes (?), welcher einen um 1510 geschmiedeten Eisenring am Nordportal der Scheffauer Filialkirche krönt.[98]

Auf eine Leerstelle ist besonders hinzuweisen: Während aus Nord- und Westdeutschland sowie Skandinavien romanische Taufbecken[99] mit i.d.R. vier têtes coupées, wohl die vier Paradiesesströme symbolisierend, in großer Zahl erhalten sind, einige auch in Frankreich und England, ist kein einziges ähnliches aus dem hier betrachteten Raum bekannt. Dasselbe gilt für jene Ausführung, wo vier Tierköpfe, wohl Abkürzungen ganzer Löwenfiguren, im Sockelbereich zu sehen sind. Hierfür scheinen einmal nicht die Verluste in nachmittelalterlicher Zeit verantwortlich zu sein, sondern der genannte Typus hat sich bereits im Mittelalter nicht in den Südosten des deutschsprachigen Gebietes verbreitet (anders die von vier ganzen Löwen getragenen Taufen, s. S. 77).

In ganz Europa und noch lange in der Neuzeit verwendete man auch im Alltag Objekte, die mit einem Kopf versehen waren, etwa als Gesichtskrüge in Keramik (wie die niederrheinischen Bartmannskrüge Abb. 88)[100] oder als Knäufe von Messern, Stöcken u.dgl. Als Besonderheit ausschließlich des skandinavischen Hochmittelalters seien noch die in Holz eingekerbten têtes coupées erwähnt, deren Bärte durch unterschiedliche Striche zu einer Geheimschrift umfunktioniert wurden.[101]

KÖPFE UND SONSTIGE MOTIVE DER BAUPLASTIK

Die meisten Köpfe existieren als isolierte Objekte für sich – dieser Typ steht deshalb hier vor allem zur Diskussion – oder sie stehen zwar neben anderen ähnlichen Objekten, ohne dass jedoch eine wechselseitige Beziehung angedeutet wäre: In der Pfarrkirche von Altötting z.B. wechseln so in der Kapitellzone des vor 1245 entstandenen Portals verschiedene pflanzliche Formen mit je einem Kopf links und rechts. Gelegentlich sind deutlich Tätigkeiten angegeben, Beißen, Drohen, Blecken, Zungezeigen etc. Kaum mit freiem Auge sichtbar ist so ein die Zunge weisendes Köpfchen hoch am Portalgewände der Franziskanerkirche angebracht (Abb. 151), rechts vom Betrachter aus gesehen.

Nicht ganz selten finden wir die têtes coupées in der Nähe verschiedener anderer Motive der marginalen Bauplastik. Sie können mit ihnen interagieren oder einfach in ihre Umgebung gestellt sein, ohne dass es einen ‚Kontakt' zu jenen Menschen, Tieren, Pflanzen etc. gäbe.

Bisweilen sind Elemente aus verschiedenen ‚Reichen' kombiniert, also Menschenköpfe, Tiere, Pflanzenteile (Berchtesgaden, Stiftskirche, Kreuzgang Abb. 71). Solche interagierende Gruppen finden sich freilich nur ganz selten im Untersuchungsbereich, möglicherweise am Portal der Nonnberger Kirche, wo Dämonen und Blattmasken einander zugeordnet erscheinen (Abb. 156, 157). Viel eher können Halbfiguren interagieren, sie halten z.B. eine Schlange in der Hand oder greifen nach ihrem Bart, wie die sehr kopfbetonten Wesen auf einem Kapitell in der Freisinger Domkrypta (Abb. 149, 150). Es sind jedoch atypische Ausnahmen, wenn unter einem Kopf noch ganz klein rudimentäre Körperelemente angegeben sind, wie auf einem Kapitell des Kreuzganges der Berchtesgadener Stiftskirche (Abb. 68, 111); i.d.R. ist das Haupt als pars pro toto des ganzen Wesens anzusehen. Ein anderes Kapitell desselben Bauwerkes wirkt bei näherer Betrachtung so, als ob die zum Kopf gehörigen Hände durch den Stein hervorkämen, um sich auf die Blumen zu beiden Seiten zu legen (Abb. 18).

Die Köpfe sind nur ein besonders auffallendes und häufiges Motiv der randständigen Plastik am Kirchenbau.

Abb. 18 Kreuzgangportal, Berchtesgaden, Stiftskirche, 13. Jh.

In der gleichen Position kommen weitere menschliche, tierische und pflanzliche Wesen vor, auch geometrische Formen. Einigen Beispielen sind die nächsten Seiten gewidmet, so wird nicht der Eindruck erweckt, Masken und Köpfe seien ein isoliertes Phänomen.

Menschengestalten – Personifikationen des Guten und Bösen

Manche menschlichen Figuren der marginalen Bauplastik wirken nur wie Zuschauer des eschatologischen Kampfes zwischen Gut und Böse, ohne selbst daran teilzunehmen, so etwa die Männer, die von Kapitellen auf den Drachenkampf der Bestiensäule im Freisinger Dom herabsehen. Offensichtlich liegt dies am heutigen Betrachter, dem der Deutungsschlüssel fehlt. Andere dürften durch ihr Aussehen eine Tugend verkörpern: So gibt es in derselben Krypta ein ‚antikisierendes' Kapitell, auf dem nackte Männer dargestellt sind, die ihr Geschlecht verdecken (Abb. 147) (anscheinend eine Kopie nach mittelalterlichem Original). Man wird wohl die Tugend der Keuschheit darin symbolisiert sehen, die in das Paradies – die Weintrauben und der Lebensbaum auf anderen Kapitellen – führt.

Das an Miniaturhäuptern so reiche spätromanische Portal der Franziskanerkirche in Salzburg hat unter dem Tympanon einen Fries mit Weinranken, an deren Ende zwei Männer stehen, einer mit Pfeil und Bogen zielend, der andere auf eine Weintraube greifend (Abb. 161). Sie können am ehesten als Allegorie der irdischen Bedrohung vor dem Genuss des Himmels verstanden werden. Der Bogenschütze ist an sich eine aggressive, negativ aufgeladene Figur.[102] Hier trägt er einen um 1200 völlig veralteten Rundschild, womit in der mittelalterlichen Kunst regelmäßig die abgewerteten Gestalten ausgestattet sind, namentlich Heiden, wogegen christliche Ritter immer die zeitgemäße Bewaffnung führen.[103]

An der Apsis der Bad Reichenhaller Nikolauskirche gibt es u.a. neben einem Kopf eine Menschengestalt mit erhobenem Arm, deren untere Hälfte abgebrochen erscheint (Abb. 62, 132). Da man nicht weiß, ob diese Figuren auch vor ihrer Versetzung an die heutige Stelle nebeneinander standen, ist es sinnlos, über etwaige Zusammenhänge zu spekulieren.

Betrachtet man das Fresko in Pfarrwerfen (Abb. 163), so hat man eigentlich ein Ensemble von drei Köpfen: der des hl. Christophorus, der des von ihm getragenen Jesuskindes und das Gesicht mit Mütze, das unglücklich aus der Pflanzenumrahmung hervorlugt. Während die beiden heiligen Figuren durch die gleiche Formgebung und die gleiche Blickrichtung zusammengehören, ist der Kopf über ihnen (Abb. 164) sowohl durch die Randleiste als auch den direkt nach vorn gerichteten Blick von ihnen getrennt, gehört einer anderen Welt an. Es ist klar, dass er nicht Anteil an der sakralen Sphäre hat, sondern außerhalb bleibt, was seine Deutung entweder als sündiger Mensch (der Maler selbst?) oder als Zwischenwesen[104] negativer Natur wahrscheinlich macht. Bemerkt man, wie verzweifelt diese Gestalt mit ihren vielen Zähnen in die Blätter beißt, wird man sich wohl für die zweite Möglichkeit entscheiden. Erscheint dieser Miniaturkopf nicht wie ein dämonischer Widerpart der guten Köpfe des Heiligen und des Jesuskindes? Ähnliche Gestalten kommen sonst gelegentlich in der gotischen Miniaturkunst in den Randzonen der Handschriften vor, die auch hier die Anregung geliefert haben wird. Eine Parallele aus der Monumentalmalerei in anderen Kunstlandschaften ist mir nicht bekannt.

Bemerkenswert ist, dass ganz im Gegensatz zu Frankreich und England, wo es zahlreiche romanische Kirchen gibt, an denen noch heute – trotz aller Purifizierungswellen – Darstellungen sexueller Themen zu finden sind,[105] derartige Figuren im hier betrachteten Bereich völlig fehlen (in überraschend großer Zahl und motivischer Vielfalt sind sie etwa in Aquitanien erhalten)[106]. Aber kopulierende Paare, menschliche oder tierische – gedacht als Warnung vor dem Bruch des sechsten Gebotes –, wird es auch in hiesigen Kirchen gegeben haben, sonst hätte die unten zitierte Mahnung des bayerischen Abtes Angelus Rumpler (S. 89) keinen Sinn gehabt. Von dieser Thematik ist aber durch die Barockisierung und die verschiedenen Kampagnen gegen ‚Schmutz und Schund' in der Kunst, die seit dem Tridentinum zu verzeichnen sind, kein Rest mehr geblieben. Ebenso fehlt hierzulande jede andere „das Blasphemische streifende Glosse zum Heiligsten"[107]. Nicht einmal die Zwinglianer in Zürich sind derartig radikal vorgegangen, wie jeder Besucher des an romanischen Köpfen und anderen, nach christlichem Weltbild sehr bedenklichen Figuren übervollen Kreuzganges des Großmünsters aus dem späten 12. Jahrhundert (mit Ergänzungen) bestätigen kann. Wahrscheinlich gab es im süddeutschen Raum die berühmten Sheelas allerdings nie, jene an irischen und englischen Kirchen und Burgen zu sehenden Frauenfiguren mit gespreizten Beinen und offener Scham, die weit eher drohend als anziehend wirken und als apotropäische Schutzfiguren zu interpretieren sind (Abb. 96).[108] Auch die personifizierte „luxuria" (Unkeuschheit als nackte Frau mit Schlange u. Ä.), die an einigen französischen Domen erhalten ist,[109] scheint den Weg nach Osten nicht gefunden zu haben.

Dämonen – die allgegenwärtige Bedrohung

Noch erstaunlicher ist, dass in der hier besprochenen Region Engel als liminale Skulpturen ebenso nicht vorkommen. Diese hilfreichen Wesen, i. d. R. als gewaltige, schöne Menschen mit Flügeln geformt, gibt es natürlich auch in Salzburger Kirchen in anderen Zusammenhängen, z. B. auf einem allegorischen Glasfenster der Tamsweger Wallfahrtskirche (Abb. 167) – aber es ist mir kein Beispiel in der randständigen Bauskulptur bekannt. Sonst treten sie ja gern in der Romanik auf Kapitellen und an Portalen auf (z. B. am Züricher Großmünster Abb. 94), in der Gotik als Konsolplastiken, auf Schlusssteinen oder als Wappenhalter.

Wesentlich präsenter sind da die bösen Geister, die nur mit großer Mühe von den guten zurückgehalten werden können, wie eindrucksvoll ein Freskenrest des 13. Jahrhunderts in St. Michael im Lungau zeigt (Abb. 158). In Irrsdorf (Abb. 53) blicken sie hoch vom Turm, am Nonnberg (Abb. 3) flankieren sie fast auf Augenhöhe den Kircheneingang. Nicht immer allerdings wirken die bösen Geister schon auf den ersten Blick erschreckend; aber fast immer gibt es das eine oder andere Merkmal, das ihre Natur verrät: Im Regensburger Dom steht eine

Abb. 19 Außenkapitell, Überlingen, Pfarrkirche, um 1500

Heiligenfigur auf einem nach unten gerichteten Gesicht, das von Blütenblättern umzogen ist. Die Physiognomie wirkte fast freundlich, wenn da nicht die unproportioniert aufgedunsenen Lippen wären (Abb. 107), die zusammen mit der Position der Unterwerfung unter das Heilige nur auf einen überwundenen Unhold schließen lassen. An der Pfarrkirche in Überlingen sieht man Konsolköpfe mit aufgerissenen Augen, die auch leidende Menschen meinen könnten (Abb. 19). Da ihnen eine Säule den Mund zersprengt, ist ihre negative Bedeutung als von der Kirche und ihrem Bau vernichtete böse Wesen eindeutig (der kunsthistorische Fachausdruck ‚Säulenfresser' ist so der Bedeutung nach nicht richtig adäquat)[110].

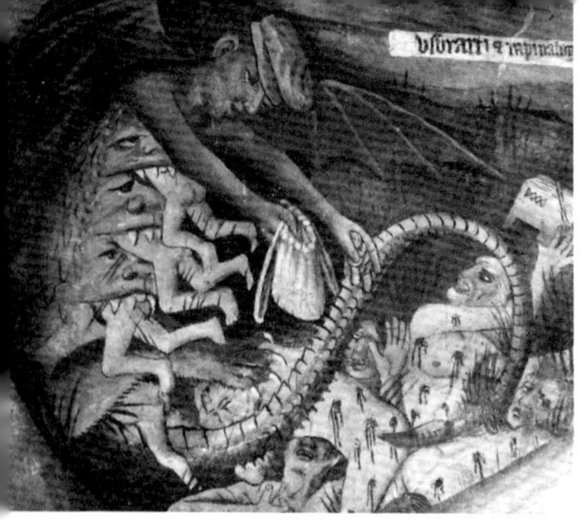

Abb. 20
Bestrafung der Wucherer, Fresko von Canavesio, La Brigue, Notre-Dame-des-Fontaines, 2. H. 15. Jh.

Auch nur durch die verdrehte Körperhaltung und das besorgte Gesicht konnte ein böser Geist, vielleicht auch die Personifikation einer Untugend, gekennzeichnet sein. Dies ergibt sich z.B. daraus, wenn eine solche Figur genau in der Position unter einem Heiligen dargestellt wird oder neben ihr ein Drache (wie z.B. an der Kathedrale von Laon, um 1230, unter den Statuen von Simeon bzw. Johannes Baptista). Sogar eine zunächst fast als Christuskopf erscheinende Konsole wie in Bad Vigaun dürfte aufgrund ihrer tragenden Funktion hier einzuordnen sein.

Abschließend sei noch an einem Beispiel aus Frankreich illustriert, wie weit die mittelalterliche Phantasie in puncto Dämonenvorstellungen gehen konnte: Giovanni Canavesio hat 1491 auf einem wandfüllenden Weltgerichtsfresko in Notre-Dame-des-Fontaines zu La Brigue (im äußersten Südosten der Französischen Alpen) einen vielgesichtigen Drachendämon dargestellt (Abb. 20), der in der Unterwelt die „Wucherer und Räuber" in sich hineinfrisst. Dieses Motiv des Verschlungenwerdens, das seit der Romanik auch in der Bauplastik vielfach vorkommt, wenn in diesem Medium auch nicht in unseren Breiten, ist allgemein bekannt: Der Höllenrachen, der auf kaum einer Darstellung des Jüngsten Gerichts fehlt, verschluckt die Sünder (z. B. spätgotisches Fresko in Badgastein, St. Nikolaus). Er ist als Löwen- oder Drachenkopf gestaltet oder als Mischung zwischen beidem.

Tiere – heilige und dämonische Wesen

Tiersymbolik des Mittelalters ist ein unerschöpfliches Feld,[111] da in jener Epoche so gut wie jedes Tier als Träger einer religiös-moralischen Bedeutung für die kirchliche Lehre diente. Zahllose Versionen des christlichen *Physiologus* und zahllose volkssprachliche Tierbücher verbreiteten solches Wissen, oftmals nicht nur durch den Text, sondern auch durch Illustrationen belehrend und erbauend.

Wiewohl es Beispiele aus der Bauplastik und der Wandmalerei dafür gibt, dass man auch dem illiteraten Kirchenbesucher symbolische Tierreihen vorstellte,[112] sind solche doch überall viel seltener als einzelne Tierplastiken. In unserem Bereich handelt es sich ausschließlich um isolierte Tiergestalten oder -paare, die sich im oder am Kirchenbau erhalten haben.

Abzusehen ist dabei natürlich von jenen Tierköpfen, die in der Symbolik der Evangelisten Verwendung fanden, wie z. B. auf einem urtümlichen romanischen Kapitell am Abgang zur Krypta des Churer Domes (Abb. 90), in Salzburg auf einer Glasscheibe in St. Leonhard zu Tamsweg (1434) (Abb. 167). Nur in Kombination aller vier Tetramorphe kann der Löwe auf Markus, der Adler auf Johannes, der Stier auf Lukas und der Engel auf Matthäus gedeutet werden.

Was die dämonischen Tiere betrifft, so ist ihre Gestalt vorzugsweise die des Löwen und Drachen. Nicht immer ist freilich ein Untier gleich zu identifizieren: Besonders beunruhigend erscheinen die aufgerissenen Mäuler unbenannter Bestien auf einem Fragment (einer romanischen Säulenbasis?) in St. Zeno (Abb. 47). Manche Tiere, die anderswo zur Fauna vieler mittelalterlicher Bauten zählen, wie z. B. den Affen, finden wir in unserem heimischen Denkmalbestand nicht – im Regensburger Dom ist er auf einem spätgotischen Türsturz im Kampf mit einem Mischwesen begriffen (Abb. 40), das Thema des Streites der bösen Mächte untereinander.

Löwen

Der Löwe ist wohl das am häufigsten in der Bauplastik vorkommende Tier. Prinzipiell kann er sowohl Gott als auch den Teufel bedeuten: So besagt etwa die Inschrift über dem von Löwen bewachten Hauptportal des Veroneser Domes, man sehe hier den Herrn Christus, das Lamm, als großen Löwen – also wurde das Tier hier auf den Erlöser, das Lamm Gottes, aber auch auf den Löwen von Juda bezogen (Gen 9 f.; Apk 5, 5). Andererseits, da ihn der hl. Petrus mit einem „brüllenden Löwen" verglich (1 Petr 5, 8) und im *Alten Testament* der Gläubige vor dessen Rachen um Schutz fleht (Ps 21, 22), konnte er genauso den Verderber symbolisieren: Dies besagt eine Inschrift am Dom zu Pisa.[113] Besonders deutlich wird sein böser Charakter, wenn er zusammen mit anderen Schreckfiguren erscheint, wie etwa am Portal der Klosterkirche in Millstatt, wo er gemeinsam mit einer Dämonenmaske und einem Drachen droht (Abb. 131). Ausnahmsweise wurde das Raubtier auch mit dem Tod gleichgesetzt, wie eine Aufschrift auf der Darstellung des von Samson überwundenen Löwen am Klosterneuburger Altar des Nikolaus von Verdun (1181) bezeugt.[114]

Besonders mächtig erscheinen Löwen vor oder über den Portalen der romanischen Kirchen, stets zu zweien den Eingang flankierend. Sie hatten nicht nur religiöse Bedeutung, sondern auch eine Funktion im Rechtsleben.[115] Diese in Oberitalien entwickelte Figuration wurde auch nördlich der Alpen beliebt und war zweifelsohne auch am alten Salzburger Dom zu finden. Heute bietet St. Zeno in Bad Reichenhall in unseren Breiten das schönste Beispiel (Abb. 21):[116] Hier kämpft ein Löwe mit einem Drachen, der andere dagegen hält einen Hund (?) in seinen Pranken. Der eine könnte also auf den Erlöser bezogen werden, der den Teufel bei seinem Abstieg in die Hölle überwindet, gemäß dem *Psalm 73, 14*: „Du

Abb. 21 **Westportal, Bad Reichenhall, St. Zeno, 12. Jh.**

hast die Häupter des Drachens zerbrochen", der zweite sinngemäß ebenso (Abb. 110), wird der Teufel doch in deutschen Texten des Mittelalters als „Höllenhund" bezeichnet („hellebracke, hellehunt"). Vielleicht sind die Löwen auch unspezifischer als Wächter im Streit gegen den Bösen zu sehen, glaubte man doch, diese Raubtiere würden mit offenen Augen schlafen. So liest man in einer im 12. Jahrhundert in Bayern oder Österreich entstandenen Fassung des *Physiologus*: „Wenn er schläft, so sind ihm die Augen offen, wie in dem Hohen Lied geschrieben ist: ‚Ich schlief, und mein Herz wachte.' Daher bezeichnet er den heiligen Christ, als er im Fleisch lebte. Die Gottheit aber wachte zur Rechten seines Vaters, wie geschrieben ist: ‚Er ist nicht schläfrig, noch schläft er, der da Israel behütet.'" (So er slafet, so sint ime diu ougen offen, also gescriben ist in deme suozzen sange: ‚Ich slief unt min herze wachote.' von diu bezeichinet er den heiligen Christ, want er in fleiske lebite, diu gotheit ave wachote ze der zesewen sines vater, also gescriben ist: ‚Inen slaferot nieht, noch er neslafet, der da behuotet Israhel.')[117]

Diese Bibelstelle mag die Verbreitung der Portale mit den doppelten Löwen in ganz Europa gefördert haben, die so viele Kircheneingänge als Schutz flankieren (etwa neben einem Kopf am Portal der Schottenkirche in Regensburg Abb. 104). Vielleicht wird ihr Gesichtsausdruck deshalb auch nicht selten dem menschlichen angepasst, wie z. B. bei jenen spätromanischen Löwen zu beobachten, die im Dom der Landeshauptstadt das Taufbecken tragen (Abb. 154). Wenn, wie eher zur Zeit der Gotik (z. B. in die Fassade eines Regensburger Bürgerhauses wohl sekundär zusammen mit einer Blattmaske eingefügt Abb. 108), der Kopf des Raubtieres menschenähnliche

Züge annimmt, ist dies durchaus ein Zeichen, darin eine Symbolik suchen zu sollen.

Jedoch ist die Deutung auf die Welt der Dämonen ebenfalls nicht ausgeschlossen, welche, mit sich selbst verfeindet, als gefährliche Fauna aus dem heiligen Raum der Kirche ausgeschlossen bleiben.

Insofern scheinen manche Löwendarstellungen auch kaum mehr zu deuten: Ist z. B. das Tier, das da zwischen den Pranken des mächtigen Raubtieres am Portal des frühromanischen Domes zu Königslutter liegt, Beute oder Schützling? (Abb. 135) Einer der romanischen Portallöwen der Laufener Kirche hat einen Menschenkopf in den Klauen, der andere einen Drachen: Also einmal der Böse, der einen Menschen gefangen hat, das andere Mal Christus, der den Teufel besiegt hat? Oder wieder der Teufel, der mit einem anderen im Streit liegt, wobei der eine als Raubtier, der andere als Drache erscheint? Wie ist der Löwe zu deuten, der am Aufgang zur mit 1520 datierten Kanzel in der Kuchler Pfarrkirche ein Baby im Maul trägt? Ist es der Teufel, der eine Seele raubt, die zu retten gewesen wäre, wenn die Mahnungen der Prediger besser befolgt worden wären? Oder ist diese offenbar recht junge und wenig bedrohliche Bestie ein Symbol des Schutzes, den das Gotteswort verspricht? Das Kind jedenfalls schreit nicht, sondern lächelt friedlich.

Ähnliche steinerne Raubtiere mit einem Menschen in den Fängen sind aus Salzburger Werkstätten noch in Admont, einem Eigenkloster des Salzburger Erzbischofs (spätromanisch), und in der Franziskanerkirche (Abb. 22) erhalten. Dort trägt ein romanischer Löwe heute den Aufgang zur ca. 300 Jahre später errichteten Kanzel, was mangels solcher Einrichtungsgegenstände im

Abb. 22 Portallöwe (jetzt Kanzelträger), Salzburg, Franziskanerkirche, um 1200

Kirchenraum um 1200 kaum seine ursprüngliche Funktion gewesen sein wird. Unter dem Tier liegt ein Mensch, der es mit einem Schwert in die Seite sticht, möglicherweise eine Vergegenwärtigung des *Psalms 22, 22*: „rette mich aus dem Rachen des Löwen". Wie schwierig aber die Interpretation in Wirklichkeit ist, wird bewusst, wenn man das Detail zu verstehen sucht, dass das Schwert in der Mitte eine breite Fehlstelle aufweist, also zerbrochen ist. Hat man darin eine absichtliche Symbolik zu sehen, etwa der Kraftlosigkeit menschlichen Tuns ohne himmlische Gnade? Oder ist diese Fehlstelle unabsichtlich einmal später entstanden (die Skulptur stammt ja aus anderem Zusammenhang und wurde erst sekundär an ihren heutigen Platz gebracht) und war das Schwert ursprünglich unversehrt?

Wenn man einem Kästchen, in dem Weihrauch aufbewahrt wurde, gerade die Gestalt eines Löwen mit aufgerissenen Augen gab – Beispiele sind in der Nonnberger Schatzkammer aufbewahrt[118] –, dann kann dies schwerlich ohne die Intention gemacht worden sein, den Inhalt gut bewacht zu sehen, vielleicht auch an den „Löwen aus dem Stamm David" zu erinnern, der ja zu seiner Geburt Weihrauch von einem der Weisen aus dem Morgenland erhalten hatte.

Auch das Taufbecken im Salzburger Dom ist hier zu erwähnen (Abb. 154); wie es heute in der Kirche steht, ist es in drei Phasen entstanden: die den Kessel tragenden Löwen um 1225, das bronzene Becken 1321 und der Deckel 1959. Auch hier ist prinzipiell die ‚gute' Deutung (Wächter, Christus als Träger des Taufwassers) ebenso möglich wie die ‚böse' (durch die Taufe wird der Teufel überwunden, in dienende Stellung gezwungen).

Vögel

Vögel, sonst in Romanik und Gotik nicht selten (z. B. in der Regensburger Kirche St. Jakob – mit menschenähnlichen Köpfen! Abb. 122), sind merkwürdigerweise in Salzburg und Umgebung kaum in der marginalen Plastik zu finden, sieht man von einer kleinen Spezies am Rande der Kapitell-Vegetation ab, wie sie das so oft genannte Portal der Franziskanerkirche ziert oder auch Säulenknäufe in der Freisinger Domkrypta (Abb. 146). Generell am häufigsten sind Adler gemeint, die i. d. R. positiv konnotiert waren (Seelenvögel); ein Kapitell mit vier dieser Raubvögel ist im Berchtesgadener Kreuzgang zu finden.

Drachen

Die Art, wie der Drache in der *Johannesapokalypse* genannt wird, ließ für das Mittelalter keinen Zweifel darüber aufkommen, dass er stets als teuflisch zu deuten war. Nicht nur in allen Medien der Kunst tritt er immer wieder in Erscheinung, auch in den Texten der Zeit, nicht nur den kirchlichen. Es genüge, als beliebiges Beispiel aus dem um 1215 in der Gegend von Nürnberg entstandenen Roman *Wigalois* zu zitieren, wo der Krieger Roas – ein Teufelsbündner – dadurch gekennzeichnet wird, dass sein goldenes Helmkleinod und der riesige Schild „einen tracken vreisîlich", einen gräulichen Drachen, zeigen.[119] Da zwischen Schlange und Drache kaum ein Unterschied gemacht wurde, ist hier auch an den Verführer Adams und Evas im Paradies zu denken; mit dem Apfel im Maul erscheint er auf einer der Konsolen, die sekundär am Irrsdorfer Kirchturm angebracht wurden.

Ein Drache greift auf einem Kreuzgangkapitell in Berchtesgaden einen liegenden Löwen an (Abb. 66), wohl der Kampf der bösen Mächte untereinander; en miniature tritt dieses Motiv auch am Südportal der Franziskanerkirche in Salzburg auf (Abb. 153). Das Pflanzengewirr des Türsturzes über dem Westeingang von St. Zeno, Bad Reichenhall, bewohnt unter anderem auch ein langhalsiger Drache (Abb. 45). Ein kleiner Lindwurm scheint unter der Basis einer Säule von St. Jakob in Regensburg (Abb. 93) fast zerdrückt zu werden – deutlicher kann man die Bannung des Bösen kaum gestalten –, ein noch kleinerer Artgenosse ist unten in das Portal der Franziskanerkirche gebannt (Abb. 38), ähnlich ist es auch zwei solchen Untieren im Gewände eines spitzbogigen Tores der Tamsweger Wallfahrtskirche ergangen (Abb. 86). Sie wirken aufgrund ihrer Kleinheit und drolligen Form fast niedlich, kaum ganz ernst zu nehmen – aber vielleicht ist das eine zu moderne Perzeption, die der mittelalterlichen nicht entspricht. Jedenfalls sind die teuflischen Tiere auch hier aus dem heiligen Raum ausgeschlossen.

Dass der Drachenkampf ein Hauptmotiv der Bestiensäule in der Domkrypta zu Freising ist (Abb. 23, 142, 148), kann bei aller Unklarheit der Darstellung nicht geleugnet werden.[120] Wenn man bedenkt, dass diese Säule den Hochaltar stützt, so ist das Motiv der Überwindung des Bösen sicher die Grundlage, ob sie nun in Anklang an verschiedene Psalmverse ausgeführt wurde[121] oder mythologische Vorstellungen zugrunde liegen. Eine sichere Interpretation der anderen Motive auf der Säule und des möglichen Zusammenhanges mit den umstehenden Kapitellplastiken

Abb. 23 **Bestiensäule, Freising, Domkrypta, 12. Jh.**

ist bislang nicht gelungen, obwohl das Thema bereits „Generationen von Kunstforschern Kopfzerbrechen bereitet“[122] hat. Meyer Schapiro hat die französischen Bestiensäulen mit den „Träumen von Tierkämpfen, die in den zeitgenössischen chansons de geste die grausamen menschlichen Kriege voraussagen“ verglichen,[123] aber welche Träume sollten hier vergegenwärtigt werden? Die im selben unterirdischen Raum ineinander verschlungenen Drachen mit pfeilspitzen Zungen begleiten die Darstellung mit dem Motiv der untereinander streitenden höllischen Wesen. Ähnlich verschlungen erscheinen auch zwei sich in den Schwanz beißende Drachen am Türsturz des Portals in St. Zeno zu Bad Reichenhall.

Tierfabel

Nicht nur einzeln oder in Kampfsituationen treten Tiere am mittelalterlichen Bau auf: Die aus der Antike überlieferten Tierfabeln waren damals ein beliebter Stoff, nicht allein zur Unterhaltung vorgetragen, sondern v. a. wegen ihrer nun natürlich christlich interpretierten Moral.

Im Kreuzgang von St. Zeno in Bad Reichenhall hat man auf einem Pfeiler die Geschichte vom Kranich und dem Wolf als Relief gestaltet:[124] (Abb. 65) Der Vogel mit dem langen Hals war bereit, einen dem Raubtier im Hals steckenden Knochen zu entfernen – erhielt aber statt des versprochenen Lohnes nur zur Antwort, es habe ihm zu genügen, dass der Wolf bei dieser Gelegenheit nicht zugebissen habe. Diese Warnfabel, einem Bösen zu glauben und zu helfen, war allgemein bekannt, was aber bedeutet das darunterstehende Tier, vielleicht ein Reh? Die Vermutung, es symbolisiere die friedliebenden Klosterbewohner, bedürfte des Nachweises in gleichzeitigen Texten.

Monster – Projektionen der Angst

Mischwesen haben in der mittelalterlichen Kunst fast immer eine negative Bedeutung. Die Grenzüberschreitung zwischen dem, was der Religion nach als weit über aller anderen Kreatur stehende ‚Krone der Schöpfung' galt, und dem Tierreich, das ohne Vernunft und nur mit einer sterblichen Seele versehen dieser zu dienen hatte, konnte bloß Irritation und Angst auslösen. So verbergen sich unter Mensch-Tier-Hybriden stets Dämonen oder Laster, auch sie übrigens formal nicht ohne antike Vorläufer.

Es gibt ein Kapitell in der Franziskanerkirche, Salzburg (Abb. 44), wo zwei Vogelkörper, auf denen unheimliche Männerköpfe sitzen, mit einem Ring zusammengebunden sind. Kann es zweifelhaft sein, dass hier dämonische Wesen aneinandergefesselt in Stein gebannt wurden? So häufig ähnliche hybride Figuren auch in anderen romanischen Kirchen vorkommen – man denke nur an die Apsis von St. Jakob in Kastelaz (Südtirol), wo sich, in ‚Lebensgröße' an die Wand gemalt, Kentaur und Sirene, Vogelfrau und Ziegenfisch drohend versammelt haben[125] –, damit ist der Bestand im Salzburgischen jedoch schon fast erschöpft.

Nur auf die Sirenen stößt man mehrmals im Südbayerischen, generell häufige Dämonenfiguren in der mittelalterlichen Kunst, meist Frauen, deren Unterleib in einem oder zwei Fischschwänzen endet. Eine solche Gestalt erscheint als Relief an einem Pfeiler des Berchtesgadener Kreuzganges (Abb. 101), die riesige Blume darüber verdankt sich wohl kaum geheimer Symbolik (nämlich der der Reinheit[126] als Gegensatz zum Bösen), sondern eher dem Horror vacui. Das Mischwesen freilich hatte nach allen Schriftquellen negative Bedeutung und wurde als

Warnung vor Verführung gesetzt, was nicht zuletzt auf die Rezeption der antiken Odysseus-Sage verweist. Eine ähnlich gestaltete bärtige Figur (Abb. 103) ebendort und die eindeutig maskulinen Wassermänner in der Freisinger Domkrypta (Abb. 109) bezeugen, dass man sich auch entsprechende Meereswesen des anderen Geschlechtes vorstellen konnte. Diese Tradition reicht durchaus in die Renaissance hinein, wie z.B. ein Ungeheuer mit löwenähnlichem Leib und menschlichem Kopf und Händen zeigt, das sich auf dem mit 1520 datierten Chorgestühl in St. Zeno zu Bad Reichenhall niedergelassen hat (Abb. 46).

Eine besondere Spezies des Hybriden erscheint in den Blattmasken (Green Men): Hierbei handelt es sich um die Kombination eines menschlichen Gesichtes mit Pflanzen, wie sie gelegentlich schon in der antiken Plastik vorkam, vor allem bei Brunnenmasken.[127] In der Romanik sind es meist Ranken, die aus dem Mund herauswachsen; nach der Richtung der herauswachsenden Stängel scheinen diese têtes coupées die Pflanzen auszuspeien; gelegentlich hat man auch den Eindruck, sie würden in die Stängel beißen. Wenn es ein Löwenkopf ist, der die Ranken zernagt, könnte er wohl den Tod bedeuten, der das Leben vernichtet (vgl. „ins Gras beißen" für sterben)[128]. In der Gotik wird dieses Motiv fortgeführt (Abb. 118, 168), manchmal geht das Antlitz sogar selbst in Blätter über, die innigste Hybridisierung zwischen Mensch und Flora, die es in der Kunstgeschichte gibt.

Diese Figur brachte man auch oft auf den geschnitzten Chorgestühlen an; ein blätterspeiender Frauenkopf dieses Möbels in der Berchtesgadener Stiftskirche (Abb. 73) wäre ein Beispiel; allerdings scheint es sich um eine Ergänzung der Restaurierung von 1904 zu dem um 1340 verfertigten, ab 1436 von Marquard Zehentner ergänzten Werk zu handeln, doch wohl nach gotischer Vorlage.

Weiter figuriert der Green Man z.B. auf einem gotischen Schlussstein in Laufen, ebenso in Bad Reichenhall, Kreuzgang von St. Zeno (Abb. 63). Andernorts taucht er auch außerhalb der sakralen Baukunst auf (z.B. an einem Stadthaus in Überlingen am Bodensee Abb. 134). Dass diese Gestalt mit dem Maskenbrauchtum der Volkskultur zusammenhängt, ergibt sich aus manchen formalen Übereinstimmungen mit getragenen Masken, ohne dass hier untersucht werden soll, ob die Bildhauerkunst das Motiv aus dem Brauch übernommen oder der Brauch es den steinernen Figuren nachgebildet hat; eine Wechselwirkung ist wahrscheinlich.

Psychologisch gesehen, könnte ein Erinnerungsbild aus der pränatalen Phase an der Gestaltung dieser unnatürlichen Form beteiligt gewesen sein, nämlich das der Plazenta, die innen eine Blatt- oder Baumstruktur aufweist (Babys können diese durch taktilen Kontakt wahrnehmen)[129]. Dies würde die Ambivalenz der Blattmasken unterstreichen, die ja fast nie eindeutig freundlich oder drohend wirken, denn das vorgeburtliche Leben ist teilweise ein ideales (Rundumversorgung, Geborgenheit ...), hat aber auch beängstigende Momente (bei Sauerstoffknappheit, Erregung der Mutter ...).

Pflanzen – Symbole der Demut und Hoffnung

Die Pflanzensymbolik der Epoche war, ganz im Gegensatz zu der animalischen, fast zur Gänze positiv besetzt.

Abb. 24 Kapitell, Freising, Domkrypta, 12. Jh.

Das gilt schon für den Baum an sich, wie er u.a. in quasi ‚abgekürzter' Form in der Bauplastik vorkommt, etwa als Zweispross auf einem Freisinger Kapitell in der Krypta (Abb. 24). Es erscheint hier unnötig, um die Symbolik des Lebens und Wachsens zu begreifen, bis zur Weltenesche Yggdrasil der germanischen Mythologie zurückzugehen,[130] in einem christlichen Gotteshaus dachte man viel eher an den Baum des Lebens, wie er im Paradies den Ureltern geblüht hatte. Die Figurenkapitelle ebendort, auf denen Weintrauben zu sehen sind oder Menschen, die ihre Scham verdecken (Abb. 109) (Tugend der Keuschheit?), dürften in denselben Zusammenhang gehören.

Die Pflanzenwelt der Romanik ist teilweise identifizierbar, vieles meint freilich einfach Blatt oder Blüte, ohne ein genaueres Bild geben zu wollen (z.B. Kapitell im Berchtesgadener Kreuzgang Abb. 72). Manchmal kann man nur noch ahnen, dass unter den erstarrten Formen eine Pflanze stecken sollte (z.B. Kapitell in der Freisinger

Domkrypta Abb. 115). Gelegentlich wird auch das Vegetabile so sehr stilisiert, dass es geradezu in ein lineares Ornament übergeht (Kapitelle am romanischen Portal der Dekanatskirche Stuhlfelden Abb. 139). Dergleichen macht symbolische Deutungsversuche oft ziemlich zweifelhaft: So wurden z. B. Blätter eines Kapitells im Berchtesgadener Kreuzgang als vom Hopfen stammend bezeichnet und daraus abgeleitet, die Geistlichen sollten so vor zu heftigem Biergenuss gewarnt werden[131] – eine Interpretation ohne jede Quellenbasis.

Obwohl dann in der Gotik die meisten steinernen Blätter und Blumen botanisch identifizierbar sind, stößt man doch in dieser Epoche immer wieder auch auf Phantasiegebilde, wie z. B. in der Braunauer Pfarrkirche (Abb. 92).

Geometrische Muster – Ornamente und Bannung

Der aus geometrischen Figuren konstruierte ‚Flächenschmuck' erscheint besonders detailliert an den Kapitellen des Kreuzganges von St. Zeno in Bad Reichenhall (Abb. 64). Es gibt dort verschiedenartige Knoten und Schlingen, auch ein Türsturz trägt ähnliches Bandwerk. Eine in ganz Europa in der Romanik besonders häufige Figur, der Kreis, der mit einem vierfach gewundenen Band verknüpft ist, fehlt auch hier nicht (Abb. 48) und fand ebenfalls in Berchtesgaden Verwendung (Abb. 98).

Solche Figuren und Zeichen sollten keineswegs allein ornamental wirken, sondern hatten zur Entstehungszeit gewiss auch eine schützende Funktion, es gibt dafür zahllose Hinweise aus Volks- und Völkerkunde. Eindrucksvoll umzieht das gesamte romanische Stufenportal der Klosterkirche zu Seeon ein steinernes Seil, das in verstärktem Umfang auch auf den Kapitellen dieses Kircheneinganges wiederkehrt. Die Symbolik des Bindens, nämlich des Festbindens der bösen Mächte, noch bevor sie in den Kirchenraum eindringen können, ist hier selten deutlich. Im Sockelbereich des romanischen Westeinganges in die Stiftskirche Millstatt hat man offenbar zum selben Zweck ein geflochtenes Band ganz unten aus dem Stein gehauen. Man denkt an die Stricke und Schlingen des Teufels, wie sie in den *Psalmen* nicht selten erscheinen – hier aber apotropäisch gegen die Unholde selbst angewandt. Ihren (weiter südlich unerreichten) Höhepunkt erlangten solche Ausformungen in den dicht

Abb. 25 **Portalfragment einer Stabkirche, Bergen, Universitetsmuseum, 12. Jh.**

verschlungenen Rankenwerken der Eingangs-Umfassungen der norwegischen Stabkirchen, in denen sich die bösen Mächte in Gestalt von Drachen verfangen (Abb. 25).

Die mehrfarbigen Wirbel, die um 1170 in die Laibung eines Fensters der Burgkapelle von Hohenwerfen gemalt wurden,[132] auch den Stern, den man wohl im 13. Jahrhundert rechts neben dem Seiteneingang der Buchberger Kirche aufgebracht hat (vermutlich gab es auf der gegenüberliegenden Seite einen gleichen), wird man am ehesten als Segens- und Schutzzeichen verstehen dürfen. Eine so enge Verbindung zwischen Maske und geometrischer Figur, wie etwa in der Krypta des Domes zu Bremen (Abb. 145), ist bei uns indes nirgendwo zu finden.

Nicht eigentlich in diese Gruppe gehören die heraldischen Symbole, die der Vollständigkeit halber kurz erwähnt seien. Auf diese Weise verewigten sich zunächst jene im Kirchenbau, die zu seiner Finanzierung beigetragen hatten, doch hat man Wappenschilde auch unabhängig davon als Träger von Bildbotschaften verwendet. Spätgotische Exempel sind am Gewölbe der Bad Vigauner Pfarrkirche (Abb. 138), an dem in St. Nikolaus zu Torren, an dem der Chorkrypta in St. Veit, auch in der Werfenwenger Pfarrkirche angebracht, die alle bemalt gewesen sein müssen. In Bad Vigaun sieht man ein solches Wappenschild im Gewölbe, das farbig gefasst ist (Abb. 79). Es zeigt einen Männerkopf mit dichtem Bart, ob Gottvater, einen Heiligen, das Wappen eines Stifters, ist ungewiss. In der Heraldik kommen ja Köpfe als Wappenzeichen nicht selten vor, was hier am Beispiel einer Grabplatte der ausgehenden Gotik in der Straßwalchener Pfarrkirche illustriert sei, wo ein behüteter Profilkopf mit Bart die Helmzier bildet (Abb. 125).

DEUTUNGEN DER KOPFSKULPTUREN[133]

Auftraggeber und Bildhauer

Wer hat diese kleinen, aber vielsagenden Werke eigentlich entworfen? Die Steinmetzen selbst oder die geistlichen Auftraggeber? Es sei hier vorab auf eine generelle Schwierigkeit hingewiesen, nämlich die, hinsichtlich der Ausführung mittelalterlicher Kunst festzustellen, was von den Bestellern festgelegt wurde und was im Gestaltungsspielraum der Bildhauer oder Maler lag. Zu bedenken ist der enorme Bildungsunterschied zwischen einerseits den Auftraggebern – Prälaten im Besitz lateinischer Schriftlichkeit – und andererseits den Handwerkern – vor dem Spätmittelalter i.d.R. geprägt viel mehr von volksläufigen mündlichen Traditionen als von gelehrtem Wissen. Bei den theologischen Hauptthemen der religiösen Kunst, welche die Tympana, Apsiden, Glasfenster etc. zierten, ist nur der Entwurf durch gelehrte Geistliche denkbar; bei den liminalen Gestalten freilich mögen sie manches einfach den Handwerkern überlassen haben. So gibt es – selten genug – urkundliche Belege dafür, dass vertragsgemäß dem leitenden Polier die Gestaltung von Einzelheiten übertragen wurde.[134] Es gibt auch hier und dort einmal Klagen eines puristischen Theologen über ihm unwillkommene „unnütze Verzierungen"[135] oder speziell Monsterdarstellungen in Kirchen. Die bekannteste dieser Kritiken, in jeder Kunstgeschichte zitiert, aus der Feder des Zisterziensers Bernhard von Clairvaux, wendet sich ausdrücklich an Benediktinermönche als die Auftraggeber derartiger Darstellungen (und implizit auch an eigene Ordensangehörige, die religiöse Bücher mit ähnlichen Figuren illuminieren ließen): Weder sei im Kloster (speziell im Kreuzgang) eine solche „lächerliche Monstrosität, eine wunderliche geradezu hässliche Schönheit und schöne Hässlichkeit (ridicula monstruositas, mira quaedam deformis formositas ac formosa deformitas)“ angebracht, da sie die meditierenden Mönche nur ablenke, noch seien die Kosten vertretbar, die man dafür an die Handwerker zahlen müsse.[136] Dagegen meint ein etwa um 1200 schreibender Ordensbruder des Abtes, dergleichen müsste nicht den Religiösen oder Priestern, sondern den Künstlern zur Last gelegt werden: „Aber diese schimpflichen Phantastereien hat nach und nach die ruchlose Überheblichkeit der Maler eingeführt [...] (Sed hec fantasmatum ludibria paulatim introduxit pictorum nefanda presumptio [...]“)[137]. Aus unserem Bereich, nämlich aus dem Benediktinerstift Vornbach bei Passau, kommt eine Stimme des beginnenden 16. Jahrhunderts, die des Abtes Angelus Rumpler: Indem er sich generell gegen ein Zuviel an Kirchenschmuck wendet, kritisiert er auch die darin anzutreffenden „Löwen, Löwinnen, Drachen und übrigen Tiere. Was haben sie in der Kirche Christi zu tun? Aber selbst die Schändlichkeit kopulierender Paare wird bisweilen eingefügt! (Sed et turpitudo nonnunquam coeuntium inseritur.)“ Mädchen, so meint der Geistliche, werden dadurch zu unkeuschen Gedanken angeregt.[138] Diese in einem lateinischen Werk vorgebrachten Bedenken können nur an jene Kleriker gerichtet gewesen sein, die solche Darstellungen in ihren Kirchen anbringen ließen oder schon bestehende duldeten, nicht aber an die ausführenden Maler oder Bildhauer.

In summa: Es lässt sich heute nicht mehr eruieren, ob diese oder jene Figur im Auftrag oder mit Zustimmung des Bauherrn gemalt oder skulptiert wurde, ob nur eine ganz allgemeine Anweisung vorlag, die dann praktisch nach den Vorstellungen des leitenden Poliers umgesetzt wurde, oder ob das eine oder andere Gesicht ganz auf Rechnung eines Bildhauers ging und dann von der Geistlichkeit einfach akzeptiert wurde. Letzteres dürfte freilich die Ausnahme gewesen sein, denn Rechnung wäre dann auch im Wortsinn zu verstehen: Wie viele Steinmetze werden schon bereit gewesen sein, eine Figur ohne ausdrücklichen Auftrag herzustellen, und wie viele Bauherren, eine von ihnen nicht gewollte zu bezahlen? Bernhard führte ja gerade die hohen Kosten als Argument gegen die Herstellung solcher Werke ins Feld. Ohne Einverständnis der zuständigen Kirchenherren und der Kuratpriester können Handwerker jedenfalls nicht willkürlich Bildwerke am oder im Gotteshaus angebracht haben.

Programme

Wenn man über die Entwerfer[139] der mittelalterlichen Ikonographie handelt, ist noch ein gerade für die Bauplastik sehr wichtiger Punkt anzusprechen: Soll man davon ausgehen, dass die Figuren, die z. B. in größerer Zahl ein Portal bevölkern (wie in Regensburg, St. Jakob), einzeln zu lesen sind, jede für sich, oder darf man annehmen, dass manche Bauten mit einem zusammenhängenden symbolischen Programm ausgestattet wurden? Das hat man ja v. a. für die Kapitellskulpturen der romanischen Kreuzgänge immer wieder behauptet, aber auch für viele andere als Zyklen gedeutete Figurenkomplexe. Ein österreichisches Beispiel, bei dem die drei Außenwände der

Abb. 26 Riesentor, Wien, St. Stephan, 1. H. 13. Jh.

Apsis sichtlich nach einem kohärenten Plan mit zahlreichen Figuren im Hochrelief gestaltet wurden, einem Plan, der mit der Bedeutung der Himmelsrichtungen korrespondiert, wäre die Pfarrkirche von Schöngrabern in Niederösterreich (um 1230)[140].

Da im Salzburger Bereich, von den Nonnberger Köpfen abgesehen (s. S. 106 ff), kein solches Programm zu eruieren ist, müssen wir diese Frage nicht weiter diskutieren, sie wäre aber brennend für die Figuren der Bestiensäule in der Freiburger Domkrypta und jene der Regensburger Schottenkirche. Nur prinzipiell sei gesagt, dass es möglich ist, dass solche Programme auch für die marginale Plastik erstellt wurden, wie sie für die zentralen Darstellungen aus der Heilsgeschichte etc. ohnehin offensichtlich und vielfältig an jeder gotischen Kathedrale zu finden sind. Doch hat bislang niemand ein widerspruchsfreies Konzept etwa für die genannte Regensburger Kirche oder das Riesentor des Wiener Stephansdomes (Abb. 26)vorlegen können.[141] Vielmehr basieren die bisher unternommenen Interpretationen i.d.R. auf einer willkürlichen Kombination einzelner Textstellen mit einzelnen Figuren und müssen praktisch immer einzelne Objekte des Ensembles ignorieren, da sie nicht in das angenommene Programm passen.[142] Zudem soll man zunächst genauestens die vielen Umbau- und Restaurationsarbeiten kennen, die fast jede mittelalterliche Kirche über sich ergehen lassen musste und bei denen es oft zu Versetzungen, Überarbeitungen oder Ergänzungen einzelner Teile kam (was z.B. für St. Nikolaus in Bad Reichenhall dokumentiert ist). Allein aus diesem Grund sind viele Entwürfe kohärenter Programme unhaltbar. Aber schon in der Bauzeit konnte es leicht zu Planungsänderungen kommen, wie sie ja auch Grundrisse und Aufrisse auf vielfältige Weise betroffen haben, was jedem geläufig ist, der sich ein wenig mit Bauarchäologie befasst hat. Um wie viel leichter konnte ein solcher Konzeptionswechsel bei der kleinteiligen Bauplastik der Fall sein.

Daher gehört es ausgesprochen zu den Ausnahmen, wenn sich ein solches Programm einmal für einen Bau wissenschaftlich gesichert konstatieren lässt; für das Portal der Franziskanerkirche in Salzburg, die Turmköpfe in Irrsdorf oder die Kreuzgänge in Bad Reichenhall und in Berchtesgaden ist dies nicht möglich. Einzig für die spätgotischen Köpfe der Nonnberger Kirche scheint ein Programm wenigstens mit guter Wahrscheinlichkeit vorgeschlagen werden zu können, (s. S. 106 ff.), aber zur Gewissheit kann man auch hier nicht vorstoßen. Manch andere Ensembles, deren Figuren auf den ersten Blick zusammengehörig erscheinen, lassen sich nicht (mehr?) interpretieren. Wie sollten z. B. die zornige Sonne, der Dämonenkopf (eine Mischung aus Mensch, Löwe und Affe) und die sehr regelmäßig geformte Blume am Gewölbe der Pfarrkirche von Zell am See ein religiös sinnvolles Lehrbild ergeben? (Abb. 99, 100)

Interpretationen

Nun gibt es manche Köpfe in der mittelalterlichen Kunst, die formal zwar Masken oder têtes coupées darstellen, aber den Betrachter keineswegs vor Deutungsprobleme stellen. Sonne und Mond wurden, wie durch viele Bilder bestens bekannt, als Kugeln mit menschlichen Zügen gezeichnet. Sie finden sich in ikonographisch eindeutigen Zusammenhängen, wie der Kreuzigung Christi (z. B. vergoldeter Buchdeckel aus dem Salzburger Domschatz, M. 12. Jh.[143]). Das gegen Ende des Mittelalters beliebte Motiv der auf dem Mondgesicht stehenden Jungfrau mit Kind kann man etwa als Statue auf dem Hochaltar der Müllner Pfarrkirche in Salzburg sehen.[144]

Welche Bedeutungen können aber die uns heute zunächst unerklärlich scheinenden Köpfe der mittelalterlichen Kirchen gehabt haben, welche in keinem ähnlich wohlbekannten ikonographischen Zusammenhang stehen? „Zierrat oder Zeichen?" lautet die Grundfrage.[145] Freilich werden auch in der christlichen Kunst bedeutungsvolle Zeichen immer wieder wie Schmuckelemente angeordnet, man denke nur an die Gestaltung irischer Bibelhandschriften wie des *Book of Kells*, wo das Wort

Gottes selbst zum dekorativen Muster wurde. Beide Funktionen schließen einander also nicht aus, und das gilt auch für die Köpfe der Bauplastik. Trotzdem bleibt die Frage: Wurden sie ursprünglich als Zeichen angebracht oder als Zierrat? Betrachten wir also ihre möglichen symbolischen Bedeutungen.

Nichtmenschliche Wesen: Dämonen und Götter älterer Religionen

Köpfe mit deutlich abschreckender Wirkung, wie z. B. jene an den Ecken des Südeinganges in die Nonnberger Klosterkirche (Abb. 3), werden auch von uns heute noch spontan als die Dämonen der christlichen Religion identifiziert, die von der *Bibel* an ja stets ein unbezweifeltes Element der Lehre bildeten. Nun ist bestens bekannt, dass bei einem Religionswechsel regelmäßig die Götter eines überwundenen Glaubens zu den Dämonen des siegreichen uminterpretiert werden.[146] Tatsächlich findet man Darstellungen antiker keltorömischer Gottheiten, also einstige Kultobjekte, schon in frühen kirchlichen Bauten, jedenfalls in Form von Spolien[147]. Bei ihrem Einbau in christliche Sakralbauten hat man die Gottheiten, die sie verkörperten, offenbar demütigen und unschädlich machen wollen oder sie einer Interpretatio Christiana unterzogen. Dies kann man u. a. in der Umgebung des Kärntner Magdalensberges gut beobachten, wo in umliegende Kirchen oft antike Spolien eingemauert wurden, am bekanntesten in die Wallfahrtskirche Maria Saal (unter den dortigen Funden gibt es übrigens auch einen eindrucksvollen römischen Kopfbecher mit verzerrtem Mund). Zwei antike Figurenreliefs fanden sich eingefügt in das gotische Fundament der Pfarrkirche in Kematen an der Krems (Oberösterreich). Im bayerischen Rupertiwinkel gibt es Spolien unten im romanischen Mauerwerk der Filialkirche St. Georg am Steinhögl etc. In Salzburg ist die augenscheinlichste Verwendung eines Römersteines die an der St. Veiter Pfarrkirche (Abb. 78). Es handelt sich um das Grab-Relief eines Paares, das offenbar mit apotropäischer Funktion hoch oben an der Westseite des Turmes angebracht wurde.

Antike Gottheiten quasi in ihrer eigenen Gestalt darzustellen, also ohne dämonische Züge, war nach der Christianisierung nur mehr in bestimmten Themenzusammenhängen möglich, etwa in der Astronomie und Astrologie, wo sie Gestirne meinten. Als skulptierte têtes coupées kommen sie m. W. nur an einem äußerst ungewöhnlichen Monument vor, nämlich einem großen marmornen Brunnen des späten 12. Jahrhunderts, der den Benediktinern der Abtei Saint-Denis bei Paris für die liturgische Fußwaschung diente. Die Köpfe an der von antiken Säulen getragenen Schale sind dabei inschriftlich gekennzeichnet: Jupiter, Juno, Venus, Neptun etc., formal handelt es sich um Kopien entsprechender antiker Werke. Für unser Thema ist dabei von besonderem Interesse, dass eines dieser Häupter als Blattmaske oder „Green Man" gestaltet wurde, die Überschrift lautet: „Silvanus".[148] Ob man im deutschen Südosten, etwa in Bad Reichenhall oder Laufen, wohin dieses Motiv in der Gotik ja auch gelangte (s. S. 82f.), noch wusste, dass man eigentlich einen antiken Waldgott in den Schlussstein einer Kirche einmeißelte? Eher unwahrscheinlich, das ursprünglich sicher durch seine Grenzüberschreitung zwischen humaner und floraler Welt schockierende Motiv hatte sich durch häufigen Gebrauch und den Eintrag in Musterbücher schon verselbstständigt.

Es ist zu wenig bekannt, dass sich der Usus, Gestalten der überwundenen Kultur in die christlichen Bauwerke einzufügen, nicht nur auf die einst römischen Provinzen Europas beschränkte, sondern auch im germanischen Raum vorkommt. Abgesehen von Beispielen aus der Völkerwanderungszeit[149] stellt ein Kopf in der Stabkirche von Hegge in Mittelnorwegen (vor 1200?), bei dem man von einer sehr großen Sicherheit der Interpretation sprechen darf, den Gott Odin dar. Die das Dach tragenden Pfosten enden alle in Köpfen, einer davon ist jedoch einäugig und mit heraushängender Zunge dargestellt – Odin (im Süden: Wodan) war der Gott der Gehängten und hatte ein Auge an Mimir verloren, als er Weisheit aus dessen Brunnen schöpfte. Freilich ist kaum denkbar, dass er, wie Capelle schreibt, „ohne Kenntnis der unwissenden Priester eingeschmuggelt worden ist“[150]. Es ist doch wohl von einer von den Auftraggebern intendierten Verwendung im Sinne der Dämonenunterwerfung bzw. -bannung auszugehen, was ja auch die Serie der bemalten Masken[151] an den übrigen Pfosten nahelegt.

Ist es nun eine realistische Möglichkeit, auch Dämonenköpfe an kontinentalen Kirchen des Mittelalters als Bannungen der alten Gottheiten zu deuten? Bis 1945 gab es eine übertriebene Neigung zu dieser Interpretationsrichtung, danach als Reaktion darauf eine völlige Tabuisierung derartiger Überlegungen. Beide Haltungen sind als einseitige und daher unwissenschaftliche A-priori-Entscheidungen abzulehnen. Wenn ein deutschsprachiger Nachtsegen des frühen 14. Jahrhunderts Wodan, sein

Heer und alle seine Mannen vertreiben will, so ist damit bewiesen, dass auch im späten Mittelalter Erinnerungen an die germanischen Götter sehr wohl noch volksläufig waren und diese als Dämonen galten.[152]

Das gleiche Schicksal wie der germanische Gott in Hegge teilten die antiken Gottheiten: In Wien gibt es an der Nordwand des Stephansdomes eine Nische mit einer Inschrift aus dem frühen 15. Jahrhundert. Die Betrachter werden aufgefordert, es nicht wie die Heiden zu tun:

„... si paten an die tatermann
wand die sew selb habent berait
da von werdent si wol geait
in der hell fewr ...“

(... sie beteten die Tatermann [wohl: Tartarus-, d.h. Höllenmänner] an, nämlich jene, die sie selbst schufen [also Idole]. Deshalb werden sie im Höllenfeuer gut gebraten). An dieser Stelle waren offensichtlich Reste antiker Götterstatuen als Spottbilder aufbewahrt, wohl um ähnlich wie jene berühmte Venusskulptur behandelt zu werden, die in Trier in St. Matthias in Ketten aufgehängt war und rituell mit Steinen beworfen wurde.[153]

Wenn man bedenkt, dass um 1200 aus mündlicher Tradition das *Nibelungenlied* in Passau aufgezeichnet wurde, das nur geringe christliche Elemente enthält, dann wäre es auch nicht unmöglich, dass Erzählungen der alten Mythologie noch bekannt waren. So gibt es im Kreuzgang der Stiftskirche zu Berchtesgaden eine Säule, in die in Relief ein einarmiger Mann, ein Harfenspieler und ein Wolf eingehauen sind (Abb. 27, 80). Ein Deutungsversuch[154], m. W. der bisher mit der Darstellung noch am ehesten kompatible, erklärt den Mann als den germanischen Schwertgott Ziu, der nach altnordischer

Dichtung mutig seine Hand bei der Fesselung des Fenriswolfes in dessen Rachen steckte und sie so verlor; in der *Völuspá*, dem Weltuntergangsgedicht der *Liederedda*, ist in diesem Zusammenhang auch ein Harfenschläger erwähnt. Natürlich waren die skandinavischen Vorstellungen nicht identisch mit den kontinentalgermanischen, beide weisen aber, namentlich in der Götterwelt, viele Gemeinsamkeiten auf. Sollte man hier also wirklich diese Szene dargestellt haben, so kann sie in einem Kreuzgang des 13. Jahrhunderts nur in Interpretatio Christiana verstanden worden sein, also etwa als Beispiel für Opfermut oder als Warnung, sich dem Bösen zu nähern. Denkt man eher an den antiken Sänger Orpheus, so gab es auch für ihn eine christliche Deutung, doch passen die anderen Figuren kaum in diesen Zusammenhang.

Insofern besteht also wohl die Möglichkeit, in Dämonenmasken negativ gedeutete Erinnerungen an die römischen, keltischen oder germanischen Gottheiten zu sehen. Sie würde aber nur dann zur Wahrscheinlichkeit, wenn es – wie bei dem genannten norwegischen Beispiel – deutliche formale oder sonstige Elemente in einer Darstellung gäbe, die den diskutierten Zusammenhang nahelegen. Dies ist bei den Beispielen in unserer Region nirgendwo der Fall, mit Ausnahme wohl des kleinen ‚Gorgonenhauptes' im Portal der Salzburger Franziskanerkirche (s. S. 38 f).

Als Darstellungen von bösen Geistern gemäß der katholischen Lehre, also in Weiterbildung der in der *Bibel* aufgehobenen altorientalischen und hellenistischen Dämonologie, werden i. d. R. die verzerrten, aggressiven, unheimlichen Gesichter, wie sie in der Romanik so häufig auftreten, aber in der Gotik keineswegs fehlen, zu

Abb. 27 **Kreuzgang, Berchtesgaden, Stiftskirche, 1. H. 13. Jh.**

fassen sein: Warnbilder für die Gläubigen und Versuche der Bannung des Bösen in Stein zugleich. Mancher ‚Kirchenschmuck' kann nur ein materialisierter Alptraum genannt werden, freilich ohne dass es Nachrichten über die Persönlichkeiten von Auftraggebern und Steinmetzen gäbe. Besonders eindrucksvolle Fratzen solcher bösartiger Wesen, von denen die Luft erfüllt gedacht wurde, sehen wir außen am Kirchturm in Irrsdorf und zu Seiten des Südeinganges in die Nonnberger Stiftskirche. Auch die gotischen Blattmasken können nur dämonologisch interpretiert werden, mag ihre Tradition auch zum Teil auf einst positive Zwischenwesen der Volksreligion zurückgehen (s. S. 82 f.).

Es ist auffällig, dass diese in der mittelalterlichen Literatur recht häufig präsenten Wesen kaum je als körperlos geschildert werden. Bisher kann ich nur einen Text-Beleg für einen derartigen Kopf-Dämon nennen; er findet sich in dem um 1220 in Niederösterreich entstandenen Roman *Daniel von dem blühenden Tal* des Strickers[155]. Dort geht es (vs. 1882–1927) um eine teuflische Gestalt („tîfelsman"), deren haariger Kopf so groß ist, dass zwei Männer ihn kaum tragen können. Er hat keinen Leib, vielmehr sind Beine und Arme am Haupt angewachsen; ihm geht das Kinn bis an die Knie. Augen und Maul sind riesig, als Waffe besitzt er einen anderen Kopf, dessen Blick sofort tötet. Das Monster führt ein schreckliches Heer an, dessen Krieger alle wie das Untier aussehen und vom Blut der Toten leben. Neben dem Mythos von Perseus und der Medusa dürften den Dichter Illuminationen solcher (in der Forschung als Gryllen bezeichneter) Wesen der Buchmalerei inspiriert haben.[156] In Altötting sind Gryllen,

Kompositgestalten und Makrokephalen, auch Sirenen und Ähnliches in die zwischen Spätgotik und Renaissance datierende hölzerne Kirchentüre der Pfarrkirche eingefügt, und zwar typischerweise in die unterste Zone (Abb. 144).

Schließlich kommen in der marginalen Plastik auch Zwischenwesen vor, die sich einer eindeutigen Einordnung entziehen (u. a. Paracelsus hat darüber relativ ausführlich gehandelt)[157], so die Wilden Leute. In der berühmten Marienkirche im sächsischen Pirna (1. H. 16. Jh.) etwa klettern derartige Geschöpfe im Chor umher, in unserer Region fehlen sie dagegen im mittelalterlichen Bestand der Kirchenbauten völlig. Am ehesten kann man ihnen noch als Wappenhalter begegnen, wie z. B. in einer Gruftarkade des Salzburger Petersfriedhofes (Nr. 5, Jörg Steiner, 1498) oder an einem Grabstein um 1500 in der Altöttinger Pfarrkirche. Immerhin krönt einen der frühbarocken Brunnen der Landeshauptstadt, den Fischmarktbrunnen (heute am Max-Reinhardt-Platz), ein eindrucksvoller bronzener Wilder Mann, der das Stadtwappen präsentiert.

Menschen: Bestimmte lebende oder tote Personen; verdammte oder gerettete Seelen

Auch hier, so ist vorauszuschicken, sehen wir von den bekannten Themen der Heilsgeschichte ab, wie sie gelegentlich in Positionen vorkommen können, die sonst liminalen Darstellungen vorbehalten sind. Es genüge, an die altertümlichen Figurenreliefs zu erinnern, die in Bad Reichenhall, St. Zeno, neben dem Westportal in die Mauer eingelassen sind und die Adam, Eva und Gottvater sowie (wahrscheinlich) den Propheten Habakuk mit dem Engel und einem Löwen (Dan 14, 33) darstellen.

Dass in der Gotik Stifter, Skulpteure und Baumeister in Form von Figuren oder Büsten (nicht aber als têtes coupées) an Kirchen verewigt wurden (es sei nur an die Parler-Konsolen im Prager Veits-Dom erinnert), was inschriftlich seit dem 14. Jahrhundert bezeugt ist,[158] darf als bekannt vorausgesetzt werden. Man hat nun eine solche Interpretation auch für manche der vorgotischen Beispiele vorgeschlagen; besonders in Regensburg scheut man sich nicht, den romanischen Kopf an der Steinernen Donaubrücke und die an der Westwand der Schottenkirche nebst einem als Gesicht ausgearbeiteten Ecksporn als „Meisterporträts" anzusprechen. Meines Erachtens sind solche Interpretationen ganz willkürlich, sofern nicht eine schriftliche Quelle (chronikalische Nachricht, Inschrift) dies überliefert oder wenigstens ein klarer ikonographischer Hinweis vorliegt (wie bei der Baumeistersäule im Wormser Dom)[159]. Dass die Situation der Spätgotik auf die Romanik zurückprojiziert werden dürfe, ist eine methodisch unhaltbare Annahme.

Vor das 13. Jahrhundert zu datierende Einzelköpfe, die nachweislich historische Personen darstellen sollten, sind äußerst selten. Aus dem Kloster Munkeliv bei Bergen ist ein hochromanischer Marmorkopf mit Schnurrbart und einer Art Krone mit der Aufschrift EYSTEIN REX erhalten, der anscheinend als Konsole gedient hat; er bezieht sich fraglos auf den Stifter des Klosters, König Øystein I. (Eystein), der 1123 starb.[160] Allerdings muss man aufgrund des erhaltenen Halsbruchstückes die Frage stellen, ob es sich nicht doch um das Fragment einer ganzen Figur handelt, vergleichbar etwa der Skulptur Karls des Großen in Müstair. Man erinnert sich an die romanischen Darstellungen Kaiser Friedrich I. Barbarossas in unserer Region, der sowohl über dem Westportal der Freisinger Domkirche als auch auf einem Pfeiler im Kreuzgang von St. Zeno zu Bad Reichenhall (Abb. 14) als Vollfigur zu sehen ist, durch Inschriften identifiziert. Auf diese Art wurde der Stifter bzw. Wohltäter eines Gotteshauses geehrt. Wenn das berühmte Heilige Grab der ehemaligen Schottenkirche in Eichstätt über dem Zugang zur Grabkammer einen bartlosen Kopf im Bogenfeld aufweist,[161] so ist dieser m. E. mitnichten als der Stifter des Baues aufzufassen, der sich – in der 2. Hälfte des 12. Jahrhunderts – unmöglich an derartig zentraler Stelle hätte abbilden lassen können. Die Positionierung des Hauptes ganz am oberen Ende verweist vielmehr darauf, dass es durch den gemalten Oberkörper ergänzt war, sodass die Figur etwa wie die Heiligen auf den Fresken unter dem Nonnenchor in der Salzburger Benediktinerinnenkirche ausgesehen haben dürfte. Gemeint war wohl der Engel, der den Frauen am Grab erschien und der ja auch in der mittelalterlichen Osterliturgie bzw. dem geistlichen Schauspiel seine Rolle hatte.

Vielleicht darf man zusammenfassen, dass die Deutung auf die Stifter eines Bauwerkes in der Romanik möglich wäre, die auf die Baumeister jedoch i. d. R. erst später (die übrigens nicht als Köpfe geformt wurden, sondern als Büsten wie jene Parlers in Prag oder Pilgrams in Wien). Ob sich tatsächlich bereits der Werkmeister Heinrich Vingerhut vor 1250 an der Gelnhauser Marienkirche mit einer Bauskulptur verewigt hat, sei dahingestellt (Gleichzeitigkeit von Bildwerk und Inschrift?), es wäre dies ein besonders frühes Beispiel für Deutschland.[162] Jedenfalls gibt es in der hier untersuchten Region keinen Kopf, der mit einer einst lebenden Person identifiziert werden könnte. Ganzfiguren dagegen konnten gelegentlich bereits in der Romanik den Schöpfer eines religiösen Kunstwerkes vertreten, bekannt ist etwa der Bronzegießer Meister Riquinus, der sich um 1153 an den ehernen Toren verewigt hat, die später in die Nowgoroder Sophienkirche eingesetzt wurden. Exzeptionellerweise haben sich auch die Bildhauer als Gruppe verewigt, es gibt unter den vielen faszinierenden Kapitellen der Abtei von Conques auch eines, das sie mit ihren Werkzeugen zeigt, zwischen Kapitell und Kämpfer hervorlugend.[163] Doch Ähnliches findet sich in Salzburg und Umgebung nicht.

Allerdings ist prinzipiell die Deutung auf Menschen in einigen Fällen zu erwägen. So war über dem nur teilweise erhaltenen Portal der Klosterkirche von Münchsmünster unter dem Gekreuzigten ein überproportionierter bärtiger Kopf angebracht,[164] den man vielleicht mit dem Adams identifizieren darf (wie er gelegentlich bei Golgatha-Darstellungen in der romanischen Buchmalerei und Kleinplastik aufscheint)[165]. Die 24 Häupter, die das Agnus Dei an ebendieser Fassade flankierten, würden als die 24 apokalyptischen Ältesten anzusprechen sein. Dass diese biblischen Gestalten mit ihren Bärten miteinander verflochten sind, entbehrt jedoch anscheinend jeder Parallele, sonst sind derartig gebundene Wesen i. d. R. mit dämonischen Merkmalen versehen (so in Schöngrabern Abb. 59).

Wenn, wie am Karner von Mistelbach (Niederösterreich, um 1200), ein Kopf von Drachen umwunden abgebildet ist,[166] dann ist wahrscheinlich exemplarisch der Mensch in seiner Umstrickung vom Bösen gemeint, der christliche ‚Jedermann', der sich gegen den Teufel wehren sollte.

In der Sekundärliteratur werden nicht weiter charakterisierte têtes coupées bisweilen als Seelen angesprochen. Was diese Erklärung betrifft, so fehlen dafür Hinweise in den Quellen, sieht man von einer schlecht überlieferten Stelle im Offenbarungsbuch der sächsischen Mystikerin Mechthild von Helfta ab.[167] Auch findet sich dieses Motiv nicht auf Grabmälern als Chiffre für den Verstorbenen. Wenn die Seele aus dem Mund eines Sterbenden an einem Schaffhausener Tympanon als Kopf dargestellt wird, den ein Engel in Empfang nimmt,[168] so ist dies deutlich eine aus Platzgründen gewählte Abkürzung, die nicht der sonst üblichen Ikonographie entspricht, nach der die Seele als Eidolon (kleines Menschenbild) gegeben wird. Dasselbe gilt für jene vier Köpfe in Abrahams Schoß, die auf dem Tympanon der Pfarrkirche zu Ainau (Landkreis Pfaffenhofen) zu sehen sind;[169] üblicherweise sind diese geretteten Seelen als ganze Figuren gegeben, wie sie z. B. die berühmte Statue im Bamberger Dom zeigt. Wenn es also weder einen repräsentativen schriftlichen Beleg für diese Interpretation gibt, noch einen bildimmanenten, müssen wir diese Vermutung wohl nicht weiter verfolgen. Es genügt, die Möglichkeit zu registrieren, dass Köpfe, die sich z. B. auf einem Weinlaub-Kapitell befinden (ein Verweis auf das Paradies), vielleicht Seelen der Gerechten darstellen könnten.

Personifikationen von Abstrakta oder Naturkräften

Gestirne, Winde, Jahre, Monate, Flüsse (an Taufsteinen), Altersstufen erscheinen in der Steinskulptur, der Buchmalerei und im Holzschnitt gelegentlich in Kopfgestalt, und das zum Teil in antiker Tradition. Diese allegorischen

Figuren stehen in einem bestimmten, i.d.R. im zugehörigen Text oder epigraphisch erläuterten Zusammenhang und sind nur Kurzformen der sonst als ganze Körper gezeichneten Personifikationen. Darf man auch am Kirchenbau mit têtes coupées in dieser Funktion rechnen?

Die Köpfe in der Nonnberger Kirche

Hier besitzt Salzburg ein besonders interessantes und bisher unbeachtetes Ensemble. Es handelt sich um jene zwölf Köpfe, die in der Kirche der Nonnberger Stiftsfrauen für den erst am Ausgang des Mittelalters eingebauten Nonnenchor geschaffen wurden.[170] Sie sind an den Basen der drei vorderen oktogonalen Pfeiler[171] angebracht (Abb. 28–34), die besagten Einbau im Westen des Gotteshauses tragen. Unter der Äbtissin Daria von Panicher wurde in den Jahren 1487/98 laut Ausgabenbuch des Konventes von Baumeister Wolfgang Wiesinger „märbelstainen schäffte under den chor"[172] gesetzt. Dies ist leider die einzige bekannte schriftliche Quelle, sie sagt nichts über die Ikonographie aus.

Zunächst eine kurze Beschreibung des Objektes: Der Nonnenchor ruht auf vier oktogonalen und zwei runden Pfeilern aus farbintensivem rötlichem Marmor mit weißen Flecken; die hinteren zeigen an den Basen nur pflanzliche Motive und können im Weiteren außer Betracht bleiben. Bei den drei vorderen, dem Kirchenschiff zugewandten Stützen sind sowohl die Kapitelle als auch die Basen mit Figuren geschmückt. Die Kapitelle tragen wenig differenzierte männliche Gestalten in Flachrelief (Abb. 129), die breite Schriftrollen in den Händen halten. Diese vier Figuren je Pfeiler sind als Büsten gestaltet, sie haben teilweise Bärte und Kopfbedeckungen.

Im Sockelbereich der Pfeilerbasen sitzen die zwölf vollplastischen Köpfe auf dem unteren Wulst auf, sie ‚blicken' – in etwa – nach den vier Himmelsrichtungen. Dargestellt sind im Einzelnen, beginnend im Osten, dann nach Nord, West und Süd fortschreitend:

Südlicher Pfeiler:

Narr (Abb. 28, 124)
Männlicher Kopf mit Kapuze
Männlicher Kopf mit Kapuze
Schwein (Abb. 29)

Mittelpfeiler:

Umgekehrter männlicher Kopf (Abb. 30)
Löwe (Abb. 31)
Männlicher Kopf mit Haarband
Hund (Abb. 32)

Nördlicher Pfeiler:

Weiblicher Kopf mit Kapuze (Abb. 33)
Männlicher Kopf mit wirrem Haar (Abb. 34)
Männlicher Kopf mit Kapuze
Weiblicher Kopf

Was auf den genannten Tituli der Kapitell-Figuren zu lesen stand bzw. hätte stehen sollen, wissen wir nicht, womit ein entscheidender Interpretationsschlüssel fehlt. Es ist an diesem Objekt ja keine Farbfassung erhalten, wie auch generell nur sehr selten an den sonstigen Bauplastiken des

Abb. 28–34 Pfeilerbasen, Salzburg, Nonnberger Stiftskirche, E. 15. Jh.

Mittelalters. Trotzdem müssen wir nach heutigem Wissen davon ausgehen, dass fast alle Bauskulptur dieser Epoche farbig gefasst war und Steinsichtigkeit die Ausnahme bildete (s. S. 34 ff.). Bei dem in der Nonnberger Kirche verwendeten Material, rot-weiß geflecktem Marmor, einem sehr ‚lebendigen' Stein, ist indes wohl nur von einer teilweisen Fassung auszugehen. Man wird sich also etwa die Pupillen eingetragen vorstellen müssen, die Lippen gerötet, vielleicht auch Haare und Gewand farbig hervorgehoben, die Schriftbänder weiß mit schwarzem Text.

Wie auch immer, die Bedeutung der zwölf vorderen und vier hinteren Kapitell-Figuren kann hinreichend eingegrenzt werden. Es ist kaum zu bezweifeln, dass es sich um die 16 Propheten des *Alten Testaments* handeln wird. Denkbar wären auch die zwölf Apostel plus vier Kirchenväter, da es jedoch keine Attribute bzw. Kopfgestaltungen gibt, die in diese Richtung deuten würden, ist dies unwahrscheinlich. Doch gehören in der Symbolik des Kirchengebäudes Säule, Apostel und Propheten ohnehin typologisch zusammen.

Formal erinnern die Gestalten auf den Kapitellen an die zehn Heiligen auf dem Holztor der Salzburger Kapuzinerkirche, welche in ähnlicher Weise Spruchbänder vor sich halten. Diese Reliefs stammen aus dem mittelalterlichen Dom und sind inschriftlich auf 1450 datiert.[173] In der kunstwissenschaftlichen Literatur werden sie bald als Propheten, bald als Apostel bezeichnet. Eine entfernte Ähnlichkeit besteht auch zu den Figuren auf den Kapitellen im Westteil der Pfarrkirche in Irrsdorf und eine engere zu den künstlerisch wesentlich anspruchsvolleren Kapitellfiguren der Braunauer Pfarrkirche, die u.a. unter der Westempore (Abb. 84, 85) zu sehen sind. In Altötting tragen ähnliche

Halbfiguren von Propheten die Dienste, auf denen das Kreuzrippengewölbe der Pfarrkirche ruht (A. 16. Jh.).

Was stand auf den Nonnberger Spruchbändern? Sie können gut Inschriften getragen haben, die sich direkt auf die Häupter unter ihnen bezogen, vielleicht vom Typus „pudicitia luxuriam vincit" (Die Schamhaftigkeit besiegt die Unkeuschheit), wenn es sich bei jenen Köpfen, wie wir argumentieren werden, um Laster-Darstellungen handelt.

Zweifellos besteht zwischen den Propheten und den têtes coupées die Spannung von oben und unten, die nach dem mittelalterlichen Symboldenken der von Gut und Böse entspricht. Die Position der Köpfe lässt m. E. nur eine negative Konnotation zu; denkt man den Leib hinzu, so müssten diese Wesen fest unter den Pfeilern eingeklemmt sein. Theoretisch könnten Figuren oder Häupter an Basen auch eine tragende Funktion haben (Atlanten vergleichbar), doch ist dies in der mittelalterlichen Ikonographie an dieser ganz unten befindlichen Stelle wohl nie als tragend im positiven Sinn der Fall (wie z. B. eine Engelskonsole das Gewölbe trägt, etwa in Partenheim, St. Peter), sondern im Sinne eines unterworfenen Bösen. Dafür gibt es zahlreiche eindeutige Beispiele; als ein besonders deutliches nenne ich die geknebelten und an den Haaren angebundenen Dämonen (Abb. 59) in der spätromanischen Pfarrkirche von Schöngrabern (Niederösterreich)[174]. Doch tragen die Nonnberger Köpfe nichts, sondern ragen aus der Basis hervor, erscheinen formal als Applikationsplastiken.

Nicht nur ihre Position konnotiert diese Häupter negativ, sondern einige von ihnen sind auch thematisch eindeutig der Sphäre des Bösen zuzuordnen: jedenfalls die Tiere Schwein und Hund sowie der Narr, der ‚Wirrkopf' und der nach unten gedrehte Kopf. Die anderen têtes coupées erscheinen zunächst ambivalent oder neutral. Da die freie Assoziation in der Theologie des frühen und hohen Mittelalters die dominierende Methode war und auch nach der Entwicklung der diskurslogisch vorgehenden Scholastik in der religiösen Unterweisung durchaus beliebt blieb (Stichwort: Typologie),[175] kann man ohne zeitgenössischen schriftlichen Hinweis nicht mit Sicherheit sagen, wofür die zwölf Köpfe stehen sollten, doch macht das Nebeneinander von Menschen und Tieren allegorische Figuren, also Personifikationen, wahrscheinlich. Am ehesten dürfte das für die Nonnberger Chorstützen vorgegebene Programm aus dem Bereich der im Mittelalter so verbreiteten Etymachie (Tugend-Laster-Streit im weitesten Sinne) genommen worden sein. Dabei verkörpern die Propheten in der Höhe die Tugenden, die Köpfe in der Tiefe die Laster. Derartige Sujets finden sich in der Kunst des 12. bis 15. Jahrhunderts mehrfach. Zwar war die Siebenzahl der Laster wesentlich üblicher, sie steht bei Paulus, Prudentius, in zahlreichen schriftlichen und bildlichen Etymachien[176]. Doch konzipierte man auch Lasterreihen in der beliebten Zwölfzahl (sie kommt in der *Bibel* 189 Mal vor): So zeigen Reliefs an den französischen Kathedralen (Paris, Amiens, Chartres) die Unterwerfung von zwölf Lastern unter die entgegengesetzten Tugenden, wobei die spezielle Bedeutung dieser Konzeption freilich heute oft nicht mehr zu klären ist. Schließlich könnte man aus dem Spätmittelalter zahllose Beispiele für willkürliche Reihenfolgen von positiven oder negativen Elementen anführen.

Ohne einen Text benennen zu können, der sich unmittelbar als Vorlage für die Nonnberger Skulpturen erweisen ließe, seien im Folgenden doch einige Passagen aus der geistlichen Literatur zitiert, die den Fundus verdeutlichen, aus dem der Salzburger Entwerfer geschöpft haben kann: Eine Zwölferreihe von Sünden enthält bereits ein Ausspruch des Religionsstifters (wir zitieren und übersetzen die im Mittelalter allein maßgebliche lateinische Fassung der *Vulgata*): Mc 7, 22 „ab intus enim de corde hominum cogitationes malae procedunt: adulteria, fornicationes, homicidia, furta, avaritiae, nequitiae, dolus, inpudicitia, oculus malus, blasphemia, superbia, stultitia". (Denn aus dem Inneren gehen böse Gedanken aus dem Menschenherzen hervor: Ehebruch, Unzucht, Mord, Diebstahl, Geiz, Unrecht, Trug, Schamlosigkeit, böser Blick, Gotteslästerung, Stolz, Dummheit.) In einem verbreiteten mittelalterlichen Text, genannt *XII abusiva saeculi* (Die zwölf Unbilligkeiten der profanen Welt/dieser Generation), hebt die Reihe der Tunichtgute an mit „ein Weiser ohne gute Werke", geht u. a. über in „ein Greis ohne Religion", „ein Mönch ohne Demut, ein Bischof ohne Regel" bis zum „wuchernden Volk ohne Zucht, ohne Gesetz, ohne Glauben ..."[177].

Der berühmte Franziskanerprediger Berthold von Regensburg († 1272) nennt in seiner deutschen Predigt von den zwölf Junkern des Teufels die folgenden personifizierten Sünden: Neid, Zorn, Trägheit, Völlerei, Unkeuschheit, Hoffart, Geiz, Unglaube, Ungehorsam, Gotteslästerung, Scheinheiligkeit und Unbarmherzigkeit.[178]

Im benediktinischen Umfeld denkt man natürlich auch an die Tugendleiter im 7. Kapitel der Ordensregel *(Regula monasteriorum)*, deren Gegentypen die Köpfe darstellen könnten, doch sehe ich keinen Ansatzpunkt für diese Verbindung, auch nicht in den sonstigen bildlichen Gestaltungen dieses Motivs.

Es ist evident, dass keine dieser Aufzählungen genau mit den Nonnberger Köpfen zusammenpasst. Daher sei versucht, aus allgemeinen ikonographischen Gegebenheiten Zuordnungsvorschläge zu machen. Zunächst die Tiere[179]:

Schwein: Völlerei, Unzucht, Faulheit

Hund: Neid, Unzucht, Unkeuschheit

Löwe: Zorn, Grausamkeit, Teufel

Diese drei Tiere kommen mit der genannten Bedeutung z. B. in einem gedruckten Tegernseer Beichtspiegel von 1490 nebeneinander vor.[180]

Auch die Menschenköpfe können als Untugenden gedeutet werden:

Der **Narr**[181] galt als der Gotteslästerer par excellence und verleiblichte den Unglauben[182]; ob die starke Beschädigung dieses Kopfes mit Absicht geschah oder nicht, ist nicht zu klären.

Der **Wirrkopf** kann als Personifikation von Zorn oder Dummheit gedeutet werden. Strubbeliges Haar kommt in der mittelalterlichen Kunst gern bei dämonischen Gestalten und Lastern vor; besonders häufig wurden so Irre und Besessene gekennzeichnet (zwei damals ineinanderfließende Kategorien)[183].

Umgedrehter Kopf: Die negative Konnotation ist eindeutig, denkt man an die spätmittelalterlichen Schandbilder, bei denen der Verspottete nach unten hängend abgebildet wurde,[184] sowie an das Motiv der verkehrten Welt, des „mundus inversus“ im Sinne von: „perversus“.

Es hieße hasardieren, die sechs weiteren Gesichter einem Laster zuordnen zu wollen, da sie keine spezifische Gestaltung zeigen.

Ungewöhnlich an dem besprochenen Konzept ist die Darstellung der Laster als Konvolut von tierischen, männlichen und weiblichen Häuptern (wobei die Identifikation von zwei Skulpturen als Frauen allerdings nicht völlig sicher ist)[185]. Solche Arrangements findet man im Spätmittelalter am ehesten beim Bild-Rebus, woran freilich im Kirchenraum nicht zu denken ist. Das Übliche waren sonst, wenn man Laster personifizieren wollte, Frauengestalten, was ausschließlich auf das grammatische Geschlecht der entsprechenden lateinischen Termini zurückzuführen ist. Doch gab es die Laster „häufig auch in männlicher Gestalt, oder gar als Tiere“[186]. In der französischen Bauplastik kommt etwa die Verzweiflung als Gegenbild zur Tugend der Hoffnung sowohl in weiblicher als auch männlicher Gestalt vor etc.

Trotz vieler symmetrisch ausgefeilter Allegorien in der religiösen Literatur und Kunst darf man von den Verfassern allegorischer Texte wie den Entwerfern mittelalterlicher Monumente nicht in allen Fällen Systematik erwarten. So konfrontiert etwa *Der Sünden Widerstreit*, ein paränetischer Text aus der 2. Hälfte des 13. Jahrhunderts, in Heere gegliedert, 17 Laster mit 21 Tugenden,[187] und ähnliche Unausgeglichenheiten finden sich öfter. In der mittelalterlichen Literatur kommen Etymachien von vier bis 24 Tugend-Laster-Paaren vor![188]

Man hat in unserem Fall freilich eher den Eindruck, dass das zu unterstellende Programm in dieser Klosterkirche nicht richtig durchgeführt wurde. Die Propheten auf den Kapitellen sind sehr homogen gestaltet, aber warum ein Teil der Laster als Tiere erscheint und der andere Teil als menschliche Köpfe, bleibt ungelöst. Unter diesen wurden nur einige so gestaltet, dass der Betrachter damit eine Bedeutung verbinden kann, vielleicht ein Irrtum des leitenden Bildhauers, der meinte, einfach nur Köpfe herstellen zu sollen, etwa aufgrund eines Fehlers in der Übermittlung zwischen Entwerfer und Skulpteur. Eine vergleichbare Konfiguration ist mir aus der mittelalterlichen Kunst nicht bekannt, wie überhaupt diese ganze Emporenanlage in der österreichischen Architektur der Gotik als einmalig gilt.[189]

Nicht ganz auszuschließen wäre auch ein komplizierteres Konzept, das wir jedoch nicht mehr zu durchschauen vermögen. Immerhin zeigen z. B. die Fresken des Thomas Artula von Villach in St. Andreas zu Thörl-Maglern,[190] wie ausgefeilte und komplizierte Ikonographien in jener Epoche gelegentlich zur Anwendung kamen, wobei keine Rücksicht auf die Verständlichkeit für das Gros der Betrachter genommen wurde.

Soweit der Versuch, eine Erklärung anzubieten, die zumindest einige Wahrscheinlichkeit für sich hat, ohne freilich zu einer Sicherheit gelangen zu können, wie sie für die Standardthemen aus *Bibel*, Hagiographie etc. üblicherweise zu erreichen ist. Danach sind die Stützen des Nonnenchores als Verbildlichung der Spannung zwischen Tugenden und Lastern zu verstehen; Erstere verkörpert durch die Propheten an den Kapitellen, Letztere durch die Köpfe an den Basen.

Sonst gibt es in der Salzburger Umgebung keine eindeutig als Personifikationen zu interpretierenden romanischen oder gotischen Köpfe. Am ehesten könnten noch jene hierher gehören, die an den ebenfalls achteckigen Pfeilern angebracht sind, die die Westempore der Irrsdorfer Pfarrkirche tragen; wahrscheinlicher sind sie aber auch als Propheten oder Apostel zu verstehen (Abb. 102).

Apotropäische Schreckgestalten

Die hinter der Verwendung von bedrohlich wirkenden Köpfen als Unheil abwehrende Schutzelemente stehende Idee kommt in der Fabel vom Basilisken gut zum Ausdruck: Er zerplatzt, wenn er seine ganze Scheußlichkeit im Spiegel sieht. So soll es auch den Dämonen ergehen, wenn sie ihr Ebenbild am sakralen Bau erblicken. Die wahrscheinlichste Interpretation der meisten Kopfplastiken am Kirchenbau ist gerade die als Apotropaia[191], vornehmlich jener Masken und Köpfe, die an den Randzonen, an Toren, Fenstern, Dachgesimsen etc. angebracht wurden. Dies waren jene Zonen, in denen böse Mächte am ehesten in den geheiligten Bau eindringen konnten und wo man ihnen zur Abschreckung ihresgleichen entgegenstellte (beliebig viele Beispiele für diese Denkweise findet man in der ethnographischen und volkskundlichen Maskenliteratur). Die Öffnungen, die in einen sakralen Bau führen, sind Zonen des Überganges von der profanen Welt in die heilige, als solche besonders hervorzuheben und zu schützen.[192] Ein Beispiel bietet eine solche tête coupée, die direkt über einem Rundbogenfenster von St. Zeno in Bad Reichenhall sitzt (Abb. 35), ein anderes ein Kopf im Scheitel eines Fensters der (an Kopfplastiken reichen) romanischen Kirche in Tholbath (Landkreis Eichstätt)[193].

Es geht psychologisch um die Überwindung von Angst und damit um die Herstellung von Sicherheit. Der volkskundliche Terminus ‚Neidköpfe'[194] ist hier angebracht, ebenso der von den „Diebschreckfiguren und Türwächterbildern"[195]. Auch den heute noch (oder wiederum) auf

Häusern und Wirtschaftsbauten bäuerlicher Prägung gelegentlich zu findenden Tierhäuptern (Abb. 54) hatte man einst diese Aufgabe zugedacht, mochte es sich um wirkliche Knochen handeln oder um Schnitzwerk. Abwehrende Fratzen fanden sich früher oft an schweizerischen Bauernhäusern.[196] Dem gleichen Zweck dienten ursprünglich die gekreuzten Pferdeköpfe, die in einigen Gegenden Österreichs die Bauernhäuser bekrönten und die man auch in der Giebelzone von St. Stephan in Wien sieht. In Salzburg scheinen sie indessen kaum vorzukommen.[197]

Als funktionale Parallele sind die Kreuze auf den Turmknäufen zu nennen; sie wurden als Schutz gegen den Teufel angebracht, mit dem dieser schachmatt gesetzt werde, wie eine mittelhochdeutsche epische Dichtung des 13. Jahrhunderts meldet.[198]

Auch finden sich nicht selten Kopfplastiken über Burgtoren, die kaum eine andere als eine abwehrende

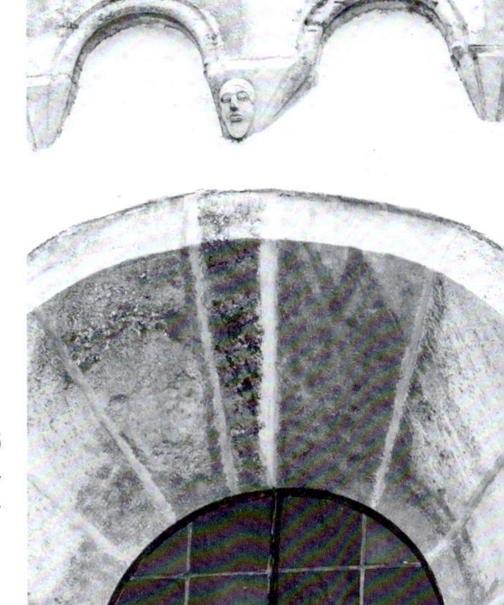

Abb. 35
Apsis, Bad Reichenhall, St. Zeno, 12. Jh.

Funktion gehabt haben können. Das Paradebeispiel hierfür ist der Kopf, den man an der Rosspforte der Festung Hohensalzburg in die Wand eingemauert hat, mag er jetzt keltorömisch oder mittelalterlich sein.[199]

Andererseits erscheinen diese dämonischen Häupter aber auch unbeweglich in den Kirchbau gebannt und der triumphierenden christlichen Religion unterworfen. Der in Bande gelegte und an den Zöpfen festgebundene Dämon einer Basis in Schöngrabern (Abb. 59) macht dies deutlich genug (Parallele u. a. am seitlichen Eingang der Klosterkirche Millstatt Abb. 117). Ein ähnlich unterdrücktes Wesen ist in Bodenhöhe in der romanischen Frauenchiemseer Kirche erhalten.

Sichtbarkeit ist nicht bei allen diesen Objekten gegeben. Bisweilen sind sie mit freiem Auge kaum zu erkennen, sei es, dass sie in großer Höhe angebracht wurden, sei es, dass die entsprechenden Stellen im Dunkeln des Innenraumes liegen (z. B. in norwegischen Stabkirchen, in französischen Kathedralen wie Reims). Schon dies legt nahe, dass nicht nur bzw. nicht vorrangig der Mensch als Betrachter intendiert war, sondern auch außermenschliche Wesen, namentlich Dämonen. Ihnen, die nach dem *Epheserbrief* 2, 2 unter dem „princeps potestatis aeris huius" (Fürst der Herrschaft über unsere Luft) stehen, d. h. durch die Lüfte schweben, kam nach dem mittelalterlichen Weltbild eine Menschen und Tieren völlig gleiche Realität zu.[200] Wichtig war daher offenbar vor allem die Präsenz solcher Köpfe, weniger ihre Sichtbarkeit für die Gläubigen, was auf eine Gegenmaßnahme gegen die Luftgeister, auf eine apotropäische Funktion verweist.

Wie immer man auch die These beurteilen mag, dass die berühmten Holztore der Irrsdorfer Pfarrkirche sowie die Steinskulpturen am Turm ursprünglich für Berchtesgaden geschaffen worden seien und nur im Zuge einer „mittelalterlichen Kriminalgeschichte" in den Flachgau gebracht wurden[201] – die Anbringung der Köpfe am Turm über dem Kircheneingang in Richtung Westen (Abb. 51), also der untergehenden Sonne, dem Reich des Dunkeln gegenüber, kann doch nur im Sinne einer Feiung des Baues[202] geschehen sein.

Bedeutungsloses Zierwerk: Drôlerien

Diese ‚Erklärung' erscheint für das Mittelalter besonders unwahrscheinlich. Nicht ganz wenige dieser Köpfe sind ja an schwer oder gar nicht sichtbaren Stellen angebracht, wie ein Teil der Masken der Reimser Kathedrale. Die Steinmetze arbeiteten nicht planlos und umsonst, die Bauplastik war nicht das Privatvergnügen gelangweilter Gesellen, und jedes Werkstück kostete den Auftraggeber Geld. Freilich scheint es nicht nur möglich, sondern sogar wahrscheinlich, dass es mit der Verbreitung des Kopf-Motivs einfach auch üblich wurde, solche Formen – wie beispielsweise auch Lisenen oder Zahnschnitt – bloß aus Tradition anzubringen, ohne dass man sich jedes Mal über die primäre Funktion im Klaren gewesen sein muss. Für die ausdruckslosen têtes coupées ist das gut vorstellbar, nicht aber für Schrecken einjagende Tier- und Teufelsprotome. Der verniedlichende Begriff ‚Drôlerien' (von frz. ‚drôle', spaßig) passt nicht auf die durchgehend ernsthaften Antlitze in unserem Bereich, mag er auch für die eine oder andere Figur der ausgehenden Gotik berechtigt erscheinen. Beispiele finden sich etwa an dem freilich schon der Renaissance zugehörigen Chorgestühl in St. Zeno, Bad Reichenhall, oder der etwa gleichzeitigen Kirchentüre in Altötting (Abb. 144).

Wiewohl die Einschätzung von Carl Heise durchaus nachvollziehbar ist, warum es denn so irritierende Kleinkunst im heiligen Raum gebe, stützt sie sich auf keine Quelle aus mittelalterlicher Zeit: „Bete stundenlang und du wirst dich des Abschweifens der Gedanken nicht erwehren können. Besser, dein Auge fällt dann auf diese allmählich schon vertrauten, harmlosen Spielereien, als dass, aus eigenem Innern aufsteigend, sündige Gaukeleien dir den Blick auf das Heiligste mit viel unheimlicherer Gewalt verstellen. Ins Bild gebannt, verliert selbst der Teufel viel von seiner Verführungskraft."[203] Die wenigen Äußerungen aus der Epoche selbst kritisieren vielmehr eben diese möglicherweise ablenkende Funktion der marginalen Werke (s. S. 88 f.), und der Teufel kam zwar im späten Mittelalter etwa im Schauspiel auch als lächerliche Figur vor, aber das mit der theologischen Begründung seiner Bezwingung durch Christus.[204]

NEUZEITLICHE KÖPFE

Die Baukunst der Renaissance und des Barock konnte mit den têtes coupées im mittelalterlichen Sinn nichts mehr anfangen und hat sie nicht mehr angewendet, nicht nur von neuem Kunstwollen geleitet, sondern auch als Spiegel der langsam einsetzenden Säkularisierung des Weltbildes. Die nunmehr vorkommenden Masken und Häupter (Maskarons) wollten tatsächliche oder angenommene Vorbilder der Antike wiederaufleben lassen. Ihre Funktion ist primär eine ornamentale und einzelne Bauteile akzentuierende, nur bis ins frühe 17. Jahrhundert erscheinen noch gelegentlich Reste apotropäischer Vorstellungen.

Also bloß spielerisch erscheint i.d.R. die Verwendung von Köpfen in der Hochkunst der Renaissance, des Manierismus und des Barock. Zu dieser Art zählen z.B. die im Profil gegebenen Groteskmasken auf einer der Kirchentürchen in St. Zeno, Bad Reichenhall (Abb. 162), die Zunge weisenden und sonstigen Köpfchen auf einem Gitter in Tamsweg, St. Leonhard (Abb. 87) oder die Fülle von Büsten und Köpfchen auf einem ähnlichen, aber weit prächtigeren in der Regensburger Basilika zur Alten Kapelle (Abb. 89). Obwohl auf zwei mittelalterliche Kirchen blickend, zeigt der qualitätsvolle Marienbrunnen in Altötting, eine 1635/37 ausgeführte Stiftung des Salzburger Erzbischofs Paris Lodron, wie weit die frühbarocke Phantasie bei solchen Wesen gehen konnte, vereinigen die vier Wasserspeier doch Merkmale der Engel mit denen von Wassermännern bzw. Tritonen (Abb. 95). Besonders

Abb. 36
Portaldetail, Felsenreitschule, Salzburg, E. 17. Jh.

auffallend geben sich jene großen und kleinen Masken, die in der Salzburger Franziskanerkirche bei dem die gotische Architektur vernichtenden Einbau der barocken Chorkapellen angebracht wurden (Abb. 173). Wenn die Fassade des Domes zu Salzburg Köpfe des Steinbocks und des Löwen trägt, so hat dies nichts mehr mit religiöser Tiersymbolik zu tun, sondern spielt auf das Wappen des Erzbischofs Markus Sittikus an. Von elegantem Schwung sind die verschiedenen Maskenwesen, die an der Schmalseite der Salzburger Felsenreitschule als Reliefs zu sehen sind, Teile von damals so beliebten militärischen Siegeszeichen (Tropaia) (Abb. 60, 36). Sie datieren von 1693. Andreas Schlüters um 1700 gefertigte Köpfe sterbender Krieger am Berliner Zeughaus (Abb. 136) – die Gegner des Kurfürsten meinend – bilden den Höhepunkt des Motivs im Barock; sie sollen als Trophäen des Türkenkrieges zu erklären sein[205] (man erinnert sich fast an die Kopfjagd der Kelten).

Die Verwendung von têtes coupées in der Architektur des 18. bis frühen 20. Jahrhunderts entspringt nur mehr ästhetischen Erwägungen (Betonung einzelner Abschnitte der Wand zu ihrer Rhythmisierung, Auflockerung der Architektur). Sie orientieren sich gern an klassischen Formen. Man könnte Beispiele in großer Zahl aus der Landeshauptstadt angeben, wo sie wie auch in den sonstigen europäischen Städten um 1900 durchaus populär waren; wir beschränken uns jedoch auf einen solchen Zierrat des 18. Jahrhunderts an einem Radstädter Bürgerhaus (Abb. 58), wo ein Löwenkopf mit bleckender Zunge über einer jung wirkenden Büste in antikisierender Umgebung, ein feindliches und ein freundliches Moment also, ‚koexistieren'.

An Orten besonders dichter mittelalterlicher têtes coupées wird dieses Motiv freilich in scherzhafter Weise auch noch später aufgenommen, wie zahlreiche Köpfe an jüngeren öffentlichen Bauten in Oxford[206] beweisen (Abb. 57).

Die Volkskunst der Neuzeit ist wesentlich mehr von den nachmittelalterlichen Formen der kirchlichen und bürgerlichen Kunst beeinflusst als von mittelalterlichen Traditionen. Köpfe kommen häufig vor, angefangen von Spazierstockknäufen bis zu Truhenbeschlägen. Dass diese immer noch mit apotropäischer Macht ausgestattet gedacht wurden, legen die sonstigen volksläufigen Zauberzeichen nahe. So kann in einem Gesicht als Kleiekotzer sowohl eine ‚elegante' Zierform gesehen werden, als auch ein Schutzgeist für das dahinterliegende Mehl, sprach man doch von „Mühlgötze".

DIE SPEZIFISCHE ENTWICKLUNG IN SALZBURG

Nach den hierzulande erhaltenen têtes coupées des Mittelalters zu schließen – die möglicherweise keiner wirklich repräsentativen Zufallsauswahl aus dem einst Vorhandenen entsprechen! –, muss man sagen, dass die romanischen Objekte weitgehend dem international Üblichen entsprechen, obwohl Karlinger sie bloß als Manifestationen „‚doerperhaften' Handwerks"[207] qualifizierte.

Dagegen reflektieren die gotischen Köpfe die ‚Verlebendigung', die mit den entsprechenden Innovationen in der Bauplastik der französischen und englischen Kathedralen zu konstatieren sind, nur sehr beschränkt. Richtiggehend physiognomische Gesichter fehlen praktisch, am ehesten gehen noch die „bürgerlichen" Häupter auf den Westpfeilern der Pfarrkirche in Irrsdorf in diese Richtung (Abb. 116). Betrachtet man z. B. die Konsolköpfe in St. Georgen bei Zell am See (Abb. 61) oder jene in Golling, ist man geneigt, von romanischer Mentalität in gotischer Form zu sprechen (Abb. 123).

Es scheint wahrscheinlich, dass das vorhandene Material in der Mehrzahl von örtlichen, sehr traditionsgebundenen Steinmetzen (nicht Bildhauern, wenn man diese modernen Begriffe hier kontrastieren darf) geschaffen wurde, und zumeist nicht von den besten Kräften. Ein supponierter ‚Meister der schönen Madonnen' hat sich offenbar diesen marginalen Aufgaben nie gewidmet, vielmehr Handwerker, die der Volkskunst nahestanden.

Gewiss stellen die spätgotischen Köpfe unter der Nonnenempore der Salzburger Kirche Mariae Himmelfahrt die qualitätsvollesten Erzeugnisse in diesem Genre dar, wenn auch ihnen – wie den darüber schwebenden Propheten – die ‚variatio' der Mimik ebenso fehlt wie die berührende Ausdruckskraft, die wohl jedes Hauptwerk jener Epoche kennzeichnet. Ein Michael Pacher (Hauptalter in der Franziskanerkirche), Niklas Türing (Goldenes Dachl), Martin Kriechbaum (Kefermarkter Altar) – um ein paar Namen zu nennen, deren Werke demonstrieren, was in Österreich im ausgehenden Mittelalter möglich gewesen wäre – waren hier nicht tätig. Fuhrmann drückte das so aus: „Zu sehr widersprechen einander Salzburger Veranlagung und Stilwille der Zeit."[208] Doch gibt es durchaus auch andere Kunstlandschaften, wo die Verhältnisse ähnlich lagen: Es sei nur Bergen in Norwegen erwähnt – im Mittelalter ein Zentralort von hoher wirtschaftlicher Bedeutung (Hanse). Und doch stattete man noch in den 1560er-Jahren den dortigen Repräsentationsbau der weltlichen Macht, den Rosenkrantz-Turm, mit Masken aus, die formal aus der Romanik stammen könnten.[209]

Aber die Qualitätsfrage berührt nicht jene nach der Bedeutung der vorgestellten Werke, nach dem Weltbild, aus dem heraus sie geformt wurden, nach der Wirkung auf ihre Betrachter. Dass man sich dieser Frage auf der regionalgeschichtlichen Ebene genauso stellen sollte wie auf der internationalen, dafür möchte das vorliegende Buch mit Material und Deutungen Anstöße geben.

BIBLIOGRAPHIE

Verzeichnet sind die Thematik allgemein berührende und mehrfach zitierte Werke, zu Einzelfragen findet sich Weiteres in den Anmerkungen.

Adhémar, Jean, Influences antiques dans l'art du Moyen Age français, London 1939 = Paris 1996

Ambrose, Kirk, The Marvellous and the Monstrous in the Sculpture of 12th-Century Europe, Woodbridge 2013

Andersen, Jørgen, The Witch on the Wall. Medieval Erotic Sculpture in the British Isles, Kopenhagen 1977

Arwidson, G., Demon, mask och gudbild i germansk folkvandringstid: Tor 9, 1963, 163–187

Baert, Barbara u. a. edd., Disembodied Heads in Medieval and Early Modern Culture, Leiden 2013

Baltrusaitis, Jurgis, Das phantastische Mittelalter. Antike und exotische Elemente in der Kunst der Gotik, Frankfurt am Main 1985

Baltrusaitis, Jurgis, Réveils et Prodiges, Paris 1960

Basford, Kathleen, The Green Man, Ipswich 1978

Biedermann, Gottfried / Kallen, Wim van der, Romanik in Österreich, Würzburg 1990

Blankenburg, Wera v., Heilige und dämonische Tiere, Köln 2/1975

Blindheim, M., Maske: Kulturhistorisk Leksikon for Nordisk Middelalder 11, 1966, 489–491

Bougoux, Christian, Petite grammaire de l'obscène – églises du duché d'Aquitanie, XIe–XIIe s., Bordeaux 1992

Braun, R., Zur Deutung der Steinmasken an fränkischen Kirchen: Jahrbuch für fränkische Landesforschung 34, 1974, 279–297

Bridham, Lester, Gargoyles, Chimeres and the Grotesque in French Gothic Sculpture, New York 2/1969

Brusegan, R. u. a. edd., Masca, maschera, masque, mask: Testi e iconografia nelle culture medievali (L'immagine riflessa NS IX), Alessandria 2000

Camille, Michael, Image on the Edge. The Margins of Medieval Art, London 1992

Dale, Thomas, The Monstrous: Rudolph 253–273

Dinzelbacher, Peter, Angst im Mittelalter. Teufels-, Todes- und Gotteserfahrung – Mentalitätsgeschichte und Ikonographie, Paderborn 1996

Dinzelbacher, Peter, Der Liber de nymphis, sylphis, pygmaeis et salamandris, et de caeteris spiritibus: Classen, A. ed., Paracelsus im Kontext der Wissenschaften seiner Zeit, Berlin 2010, 21–46

Dinzelbacher, Peter, Die letzten Dinge. Himmel, Hölle, Fegefeuer im Mittelalter, Freiburg i. Br. 1999

Dinzelbacher, Peter, Europa im Hochmittelalter 1050–1250. Eine Kultur- und Mentalitätsgeschichte, Darmstadt 2003

Dinzelbacher, Peter, Handbuch der Religionsgeschichte im deutschsprachigen Raum I: Altertum und Frühmittelalter, Paderborn 2010

Dinzelbacher, Peter, Handbuch der Religionsgeschichte im deutschsprachigen Raum II: Hoch- und Spätmittelalter, Paderborn 2000

Dinzelbacher, Peter, Körper und Frömmigkeit in der mittelalterlichen Mentalitätsgeschichte, Paderborn 2007

Dinzelbacher, Peter, La donna, il figlio e l'amore. La nuova emozionalità del XII secolo: Il secolo XII, la ‚renovatio' dell'Europa cristiana, a. c. di Giles Constable et al., Bologna 2003, 207–252

Dinzelbacher, Peter, Lebenswelten des Mittelalters, Badenweiler 2010

Dinzelbacher, Peter, Masken im Mittelalter – ein Überblick: Masken der Vorzeit in Europa II, ed. H. Meller, R. Maraszek, Halle an der Saale 2012, 163–182

Dinzelbacher, Peter, Mittelalter: Ders. ed., Mensch und Tier in der Geschichte Europas, Stuttgart 2000, 181–292, 586–604, 628–636

Dinzelbacher, Peter, Mentalität und Religiosität des Mittelalters, Klagenfurt 2003

Dinzelbacher, Peter, Monster und Masken am Tor. Zur mittelalterlichen Symbolik des Übergangs vom profanen in den heiligen Raum: Symbolon NF 18, 2012, 95–120

Dinzelbacher, Peter, Monstren und Dämonen am Kirchenbau: Dinzelbacher, Mentalität 251–275

Dinzelbacher, Peter, Zu Theorie und Praxis der Mentalitätsgeschichte: Ders. ed., Europäische Mentalitätsgeschichte. Hauptthemen in Einzeldarstellungen, Stuttgart 2/2008, XVII–XLIII

Dinzelbacher, Peter, Zur Ikonographie der spätgotischen Köpfe in der Nonnberger Stiftskirche: Mitteilungen der Gesellschaft für Salzburger Landeskunde 152, 2012, 69–78

Dinzelbacher, Peter, Zwischenwesen des Mittelalters und ihre Symbolik: Symbolon NF 18, 2012, 195–204

Dinzelbacher, Peter/Frenken, Ralph, Der steinerne Blick. Symbolköpfe der Romanik, Baden-Baden 2008

Dopsch, Heinz ed., Geschichte Salzburgs I, Salzburg 1983

Emerson, Ellen, Masks, Heads, and Faces, London 1892 [nicht zugänglich]

Erlande-Brandenburg, Alain, La révolution gothique, Paris 2012

Evans, E. P., Animal Symbolism in ecclesiastical Architecture, London 1895 = Detroit 1969

Fillitz, Hermann ed., Früh und Hochmittelalter. Geschichte der Bildenden Kunst in Österreich I, München 1998

Fraenger, Wilhelm, Die Masken von Reims, Zürich 1922

Frey, Dagobert, Dämonie des Blickes: Abhandlungen der Akademie der Wissenschaften Mainz, Geistes- und sozialwissenschaftliche Klasse 1953/6, 245–298

Frisch, Ernst, Mittelalterliche Buchmalerei, Kleinodien aus Salzburg, Wien 1949

Fuhrmann, Franz, Die bildende Kunst: Dopsch 1107–1136

Gantner, Joseph, Romanische Plastik, Wien 3/1948

Geschwend, M., Köpfe und Fratzen an schweizerischen Bauernhäusern: Festschrift A. Bühler, Basel 1965, 139–170

Goldschmidt, Adolph, Der Albanipsalter in Hildesheim und seine Beziehung zur symbolischen Kirchenskulptur des 12. Jahrhunderts, Berlin 1893

Gombrich, Ernst, Ornament und Kunst, Stuttgart 1982

Gombrich, Ernst, Bild und Auge, Stuttgart 1984

Haastrup, Ulla, Groteske Zannermasken: Grote, R. J. u. a. edd., Wandmalerei in Niedersachsen, Bremen und im Groningerland, Aufsatzband, München 2001, 283–287

Hauschild, Thomas, Der böse Blick, Berlin 2. Aufl. 1982

Hearn, M. F., Romanesque Sculpture, Ithaca 1981

Heise, Carl, Fabelwelt des Mittelalters. Phantasie- u. Zierstücke Lübeckischer Werkleute aus drei Jahrhunderten, Berlin 1936

Heimberger, H., Neidköpfe im Gebiet zwischen Neckar und Main: Mainfränkisches Jahrbuch für Geschichte und Kunst 3, 1951, 252–271

Henry, I., Zarnecki, G., Romanesque arches decorated with human and animal heads: Journal of the British Archaeological Association 20, 1957, 1–34, Pl. I–XV

Jones, Malcolm, The Secret Middle Ages. Discovering the Real Medieval World, Thrupp 2002 (Corrigenda: Mediaevistik 18, 2005, 372–376)

Jung, Erich, Germanische Götter und Helden in christlicher Zeit, München 1922

Kähler, H., Die römischen Kapitelle des Rheingebietes, Berlin 1939

Karlinger, Hans, Romanische Steinplastik in Altbayern und Salzburg, Augsburg 1924

Kenaan-Kedar, N., Ovadiah, A. edd., The Metamorphosis of Marginal Images – From Antiquity to Present Time, Tel Aviv 2002 [nicht zugänglich]

Kenaan-Kedar, Nurith, Marginal Sculpture in Medieval France, Aldershot 1995

Kendrick, Laura, Making Sense of Marginalized Images in Manuscripts and Religious Architecture: Rudolph 274–294

Krappmann, Mercede, Kreuzgang St. Zeno, Bad Reichenhall, Bad Reichenhall 2006

Kröll, Katrin, Steger, Hugo edd., Mein ganzer Körper ist Gesicht. Groteske Darstellungen in der europäischen Kunst und Literatur des Mittelalters, Freiburg i. Br. 1994

Langloys, Gilles, Les ‚Têtes coupées' du midi de la Gaule et leur contribution au mythe de la barbarie: Bulletin archéologique de Provence 28, 2000, 39–51

Lindahl, Carl u. a. edd., Medieval Folklore, Santa Barbara 2000

Little, Charles ed., Set in Stone. The Face in Medieval Sculpture, New Haven 2006

Lurker, Manfred, Wörterbuch der Symbolik, Stuttgart 4/1988

Lynch, Frances, A Group of Multi-Headed Stone Capitals from Anglesey: The Antiquaries Journal 78, 1998, 439–452

MacCulloch, J., Head: Encyclopedia of Religion and Ethics 6, 1913, 532–540

Martin, Franz, Kunst in Salzburg, Salzburg 6/1987

Messerer, Wilhelm, Romanische Kunst in Berchtesgaden: Brugger, W. u. a. edd., Geschichte von Berchtesgaden I, Berchtesgaden 1991, 983–1034

Messerer, Wilhelm, Romanische Portale in Salzburg und Reichenhall: MGSL 117, 1977, 107–142

Messerer, Wilhelm, Ikonographie romanischer Plastik im Salzburger Kunstkreis: MGSL 117, 1977, 143–157

Möbius, Friedrich u. Helga, Bauornament im Mittelalter, Berlin 1974

Möbius, Friedrich, Zur Anthropologie des mittelalterlichen Kirchenraumes: Mediaevistik 6, 1993, 189–199

Mode, Heinz, Fabeltiere und Dämonen in der Kunst, Stuttgart 1973

Neidhardt, Hans-Joachim, Der Neidkopf, (Semesterarbeit) Univ. Leipzig 1957 [unzugänglich]

Piper, Ferdinand, Mythologie der christlichen Kunst von der ältesten Zeit bis in's sechzehnte Jahrhundert I–II, Weimar 1847/51

Ramskou, Th., Om vikingertidens masker med mere: Hikuin 2, 1975, 151–158

Romanische Kunst in Österreich (Katalog), Krems 1964

Rudolph, Conrad ed., A Companion to Medieval Art, Oxford 2006

Sauer, Joseph, Symbolik des Kirchengebäudes und seiner Ausstattung in der Auffassung des Mittelalters, Freiburg i. Br. 2/1924

Sauerländer, Willibald, Phisionomia est doctrina salutis: Büchsel, M./ Schmidt, P. edd., Das Porträt vor der Erfindung des Porträts, Mainz 2003, 101–121

Sauerländer, Willibald, The Fate of the Face in Medieval Art: Little 3–17

Schade, Herbert, Dämonen und Monstren, Gestaltungen des Bösen in der Kunst des frühen Mittelalters, Regensburg 1962

Schahl, Adolf, Der gefeite Bau: Schwäbische Heimat 1961/6, 202 ff.

Sheridan, Ronald/Ross, Anne, Grotesques and Gargoyles, Newton Abbot 1975

Søndergaard, Lars, Magiske tegn, figurer og formler i senmiddelalderlige kalkmalerier: Bisgaard, L. u. a. edd., Billeder i middelalderen, Odense 1999, 165–216

Solberg, Per, Menneskets ansikt. Motiver fra middelalder og renessanse, Bergen 1995

Spätgotik in Salzburg – Die Malerei (Katalog), Salzburg 1972

Spätgotik in Salzburg – Skulptur und Kunstgewerbe (Katalog), Salzburg 1976

Stief, Werner, Heidnische Sinnbilder an christlichen Kirchen und auf Werken der Volkskunst, Leipzig 1938

Sütterlin, Ch., Mittelalterliche Kirchen-Skulptur als Beispiel universaler Abwehrsymbolik: Hohenzollern, J. G. Prinz v., Liedtke, M. edd., Vom Kritzeln zur Kunst, Bad Heilbrunn 1987, 82–100

Sütterlin, Ch., Schreck-Gesichter. Symbole des magischen Alltags: Blaschitz, G. u. a. edd., Symbole des Alltags, Alltag der Symbole. Festschrift H. Kühnel, Graz 1992, 517–553

Sütterlin, Ch., Universals in Apotropaic Symbolism: Leonardo 22, 1989, 65–74

Tetzlaff, Ingeborg, Romanische Kapitelle in Frankreich, Köln 3/1979

Troescher, G., Keltisch-Germanische Götterbilder an romanischen Kirchen: Zeitschrift f. Kunstgeschichte 16, 1953, 1–42

Wagner, J., Zur ostentativen Wiederverwendung römerzeitlicher Spolien in mittelalterlichen und frühneuzeitlichen Kirchenbauten der Steiermark: Fundberichte aus Österreich 40, 2001, 345–479 (vgl. zusammenfassend Dies., Ostentative Spolienverwendung an mittelalterlichen Kirchenbauten der Steiermark: Beiträge zur Mittelalterarchäologie in Österreich 21, 2005, 243–259)

Weber, Gottfried, Die Romanik in Oberbayern, Pfaffenhofen 1985

Weir, Anthony/Jerman, James, Images of Lust. Sexual Carvings on Medieval Churches, London 1993

Weitnauer, A., Keltisches Erbe in Schwaben und Baiern, Kempten 1961

Wiebel, Richard, Die geistige Botschaft romanischer Bauplastik, München 1940

Wiegartz, Veronika, Antike Bildwerke im Urteil mittelalterlicher Zeitgenossen, Weimar 2004

Wildhaber, R., Diebschreckfiguren und Türwächterbilder: Zeitschrift f. schweizerische Archäologie und Kunstgeschichte 22, 1962, 126–135

Woodcock, A., Liminal images. Aspects of Medieval Architectural Sculpture in the South of England from the Eleventh to the Sixteenth Centuries, Oxford 2005

GLOSSAR

Antependium	vor dem Altar hängende verzierte Tafel
apotropäisch	unheilabwehrend
Apsis	gerundeter oder polygonaler Raum im Osten einer Kirche, mit dem der Chor abschließt und in dem im Mittelalter der Hauptaltar stand
Archivolte	gekrümmter Teil des Gewändes
Atlanten	Trägerfiguren
Basis	Standplatte für Säulen
Dienst	einem großen Pfeiler vorgelegter schlanker Pfeiler
Dormitorium	Schlafraum in Klöstern
epigraphisch	inschriftlich
eschatologisch	die Letzten Dinge betreffend: Himmel, Hölle, Fegefeuer, Weltgericht
Gewände	schräge Mauerfläche eines Portals
Kalotte	flacher Kuppelabschnitt
Kapitell	meist verzierter Säulenknauf
Konsole	vorspringendes Trageelement
Krabben	knollenartige Verzierungen an gotischen Türmen
liminal	am Rande befindlich
Lisene	schmale lotrechte Mauervorlage zur Gliederung einer Wand
Makrokephalen	Phantasiewesen mit großen Köpfen
Paramente	liturgische Kleidung
Pfeiler	lotrechte Stütze mit konstantem Querschnitt
Pilaster	Halbsäule oder Halbpfeiler, mit der Wand verbunden
Protom	hervorstehendes Teil
Retabel	Altaraufsatz, Flügelaltar
Rippe	schmales und gekrümmtes Konstruktionsteil, das ein Gewölbe trägt
Säule	lotrechte Stütze mit veränderlichem Querschnitt
Schlussstein	Stein im Scheitelpunkt eines Gewölbes, an dem sich die Rippen kreuzen
Scholastik	katholische Philosophie v.a. des Mittelalters,

	die die Glaubenslehre in strenger Systematik behandelt
Spolien	aus anderen Gebäuden genommene Objekte in Zweitverwendung
Tetramorph	die Tiersymbole der Evangelisten: Engel, Löwe, Stier, Adler
Theophanie	Erscheinung Gottes
Tituli	mit Inschriften versehene Schriftbänder
Trikephalus	Dreikopf
Tympanon	über dem Eingang befindliches Feld des Portales, meist reliefiert
Zahnschnitt	romanisches Zierband an Architekturteilen in der Form vorstehender Zacken

ABKÜRZUNGEN

LcI	Lexikon der christlichen Ikonographie
MGSL	Mitteilungen der Gesellschaft für Salzburger Landeskunde
ÖKT	Österreichische Kunsttopographie
RDK	Reallexikon der deutschen Kunstgeschichte

ORTSREGISTER

ANMERKUNGEN

1 Der ausführlichste Bildband zu diesem Thema ist Bridham, Lester, Gargoyles, Chimeres and the Grotesque in French Gothic Sculpture, New York 2/1969.

2 Vgl. Woodcock, A., Liminal images. Aspects of Medieval Architectural Sculpture in the South of England from the Eleventh to the Sixteenth Centuries, Oxford 2005, 23.

3 Einen romanischen Kopf aus Nonnberg nennen ohne nähere Beschreibung ÖKT 7, 16 und ÖKT 16, 242–244; zwei Kapitelle mit Köpfen aus dem Nonnberger Lapidarium sind bei Karlinger, Hans, Romanische Steinplastik in Altbayern und Salzburg, Augsburg 1924, Abb. 108 wiedergegeben; ein Kapitell aus dem Domkreuzgang erwähnt Messerer, Wilhelm, Romanische Skulpturen in und um Salzburg: MGSL 120, 1980, 305–369, 364, ein Spiralknospenkapitell ohne Provenienz, Pagitz, Franz, Der Pfalzbezirk um St. Michael in Salzburg: MGSL 115, 1975, 175–247, 208 f. Ein (allerdings eher frühgotischer) Kämpfer mit Kopf in Hallein und Abb. vorgenannter Stücke bei Fillitz, Hermann ed., Früh- und Hochmittelalter. Geschichte der Bildenden Kunst in Österreich I, München 1998, 384 f.

4 Langloys, Gilles, Les ‚Têtes coupées' du midi de la Gaule et leur contribution au mythe de la barbarie: Bulletin archéologique de Provence 28, 2000, 39–51.

5 An griechisch-byzantinischen Kirchen scheint es keine Analogien zu geben; in Russland existieren einige wenige ‚Schmuckkirchen' mit Bauplastik wie Wladimir-Susdal.

6 Encyclopédie ou dictionnaire raisonné ... X, ed. M. Diderot, M. D'Alembert, Livorno 3/1773, 161.

7 Dinzelbacher, Peter, Masken im Mittelalter – ein Überblick: Masken der Vorzeit in Europa II, ed. H. Meller, R. Maraszek, Halle a. d. Saale 2012, 163–182.

8 Welch falsche Vorstellungen diese Terminologie evoziert, sieht man etwa daran, wenn Martin, Franz, Kunst in Salzburg, Salzburg 6/1987, 118 die rundplastisch gearbeiteten Köpfe an den Stützen des Nonnberger Frauenchores als „Menschen- und Tiermasken" bezeichnet.

9 Dies kann hier nicht näher ausgeführt werden, ich habe die wichtigsten Lebensbereiche zusammenfassend behandelt und gerade das religiöse Leben ausführlich und detailreich dargestellt in den Bänden: Dinzelbacher, Peter, Europa im Hochmittelalter 1050–1250. Eine Kultur- und Mentalitätsgeschichte, Darmstadt 2003; Ders., Lebenswelten des Mittelalters, Badenweiler 2010. Für alle Fragen der religiösen Kultur s. noch eingehender und mit umfangreichen Literaturhinweisen Dinzelbacher, Peter, Handbuch der Religionsgeschichte

im deutschsprachigen Raum I: Altertum und Frühmittelalter, Paderborn 2010; Ders., Handbuch der Religionsgeschichte im deutschsprachigen Raum II: Hoch- und Spätmittelalter, Paderborn 2000.

10 Das maßgebliche Standardwerk zu den Kunstdenkmälern Deutschlands und Österreichs.

11 Fuchsberger, Hermann, Gotische Portalarchitektur in Österreich von 1245–1538, Diss. Salzburg 1993, 243–248.

12 Messerer, Portale behandelt 113–120 das Südportal, 120–127 die Kapitelle der Franziskanerkirche, ohne auf die Ikonographie einzugehen. Dies gilt auch für Ders., Ikonographie. Seine Ansichten wurden unmittelbar übernommen in Fillitz 240 f., 381 f.

13 Diese Haltung war typisch schon für die Standardwerke von Hans Karlinger, Die romanische Steinplastik in Altbayern und Salzburg, 1050–1260, Augsburg 1924 und Fritz Novotny, Romanische Bauplastik in Österreich, Wien 1930, die sich beide sehr ausführlich bloß in formanalytischen Beschreibungen ergehen, und herrscht bis in die Gegenwart vor, wie die Mittelalter-Bände der von Hermann Fillitz herausgegebenen Geschichte der bildenden Kunst in Österreich, München 1998 ff. erweisen. Die verdienstvolle Web-Seite von Martin Aigner (http://www.burgenseite.com/kapitell/konsolen_txt.htm), auf der sich viele Kapitelle mit Köpfen aus österreichischen Bauten finden, kennt in Salzburg ausschließlich Mariapfarr.

14 Biedermann, Gottfried/Kallen, Wim van der, Romanik in Österreich, Würzburg 1990, 190.

15 Ich folge i.d.R. ohne weitere Hinweise dem Dehio Salzburg, Wien 1986 bzw. Reclams Kunstführer Bayern Süd, 9. Aufl. Stuttgart 1983, gegebenenfalls dazu der in den Anmerkungen nachgewiesenen Spezialliteratur.

16 Legner, Anton ed., Monumenta Annonis, Köln 1975, 134. Neuere Literatur: http://de.wikipedia.org/wiki/Gerokreuz.

17 Die romanische Abteikirche von Michaelbeuern. In: Dokumentation Benediktinerabtei Michaelbeuern, Michaelbeuern 1985, 134–142, 138 f. Koch, Rudolf, Salzburg, Benediktiner-Stiftskirche Michaelbeuern, Bauuntersuchung; Österreichische Zeitschrift für Kunst und Denkmalpflege 47, 1992, 95–98 meint, sämtlich Kapitelle seien Originale. Wenn dem so sein sollte (was mir zweifelhaft erscheint), dann wurden einige zumindest deutlich überarbeitet.

18 Weber, Gottfried, Die Romanik in Oberbayern, Pfaffenhofen 1985, 28–30.

19 Im Dehio Salzburg nicht erwähnt.

20 Weber 365 f.

21 In welchen Zusammenhang diese Hand im Segen- oder Schwurgestus wirklich gehörte, ist unerforscht. Die Anbringung am Boden

kann kaum original sein, sondern dürfte auf eine Versetzung des entsprechenden Steines beim Umbau zurückgehen. Die rechtsarchäologische Fachliteratur scheint die „manus iustitiae“ nur am Eidstab des Gerichtes zu kennen, nicht in monumentaler Form.

22 Romanische Kunst in Österreich (Katalog), Krems 1964, Nr. 78, Abb. 13.

23 Ahrens, Claus ed., Frühe Holzkirchen im nördlichen Europa, Hamburg 1981, 535 f.

24 Weber 292; Parallelen bei Dinzelbacher, Peter/Frenken, Ralph, Der steinerne Blick. Symbolköpfe der Romanik, Baden-Baden 2008, 63.

25 Haastrup, Ulla, Groteske Zannermasken: Grote, R. J. u. a. edd., Wandmalerei in Niedersachsen, Bremen und im Groningerland, Aufsatzband, München 2001, 283–287.

26 Spätgotik in Salzburg – Skulptur und Kunstgewerbe (Katalog), Salzburg 1976, Nr. 36.

27 Möbius, F., Zur Anthropologie des mittelalterlichen Kirchenraumes: Mediaevistik 6, 1993, 189–199.

28 Splett, Jörg, Gotteserfahrung im Denken, Freiburg i. Br. 1978, 137–165, 272–276.

29 Dinzelbacher, Peter, Die „Realpräsenz“ der Heiligen in ihren Reliquiaren und Gräbern nach mittelalterlichen Quellen: Ders., Mentalität und Religiosität des Mittelalters, Klagenfurt 2003, 124–183.

30 S. z. B. Lynch, Frances, A Group of Multi-Headed Stone Capitals from Anglesey: The Antiquaries Journal 78, 1998, 439–452.

31 Schade, Herbert, Dämonen und Monstren, Gestaltungen des Bösen in der Kunst des frühen Mittelalters, Regensburg 1962, 60, 150.

32 Pettazoni, Raffaele, Der allwissende Gott, Frankfurt am Main 1960, 99 ff.; für die bayerische Buchmalerei s. Cames, G., Les chapiteaux à triple visage dans l'enluminure romane de Bavière: Cahiers de civilisation médiévale 16, 1973, 313–315.

33 Nicolotti, Andrea, I Templari e la Sindone, Roma 2011, 34 ff.

34 Piper, Ferdinand, Mythologie der christlichen Kunst von der ältesten Zeit bis in's sechzehnte Jahrhundert I–II, Weimar 1847/51, I, 403 f. Vgl. ausführlich Troescher, Georg, Dreikopfgottheit: RDK 5, 501–512.

35 Kretzenbacher, Leopold, Des Teufels Sehnsucht nach der Himmelsschau: Zeitschrift für Balkanologie 4, 1966, 57–66; Dinzelbacher, Peter, Die Messersäule: Bayerisches Jahrbuch für Volkskunde 1980/81, 41–54.

36 Plinius d. Ä., Naturalis historia 28, xliv, 157: „Veneficiis rostrum lupi resistere inveteratum aiunt ob idque villarum portis praefigunt.“ Zahlreiche Parallelen nennt Mengis, Tierköpfe: Handwörterbuch des deutschen Aberglaubens VIII, Berlin 1937, 847–850.

37 Sauer, Joseph, Symbolik des Kirchengebäudes und seiner Ausstat-

tung in der Auffassung des Mittelalters, Freiburg i. Br. 2/1924, 134 f.

38 Warum Weber 25 das Tier als Aspis interpretiert, wird nicht erklärt.

39 Am Scheitel des rundbogigen Einganges zur Berchtesgadener Stiftskirche ist ein ähnlich kleines Köpfchen zu sehen, es liegt quer, da der Steinblock, der es trägt, wohl nicht oben eingesetzt werden sollte, sondern rechts unten. Eine sonstige Parallele ist mir nicht bekannt; ähnlich ist die Platzierung von Köpfen am Portal der Tholbather Kirche (Weber 412), sie sind jedoch deutlich größer.

40 Abb. bei Dinzelbacher/Frenken 29 f.

41 Fillitz I, 583 ff.

42 Ambrose, Kirk, The Marvellous and the Monstrous in the Sculpture of 12th-Century Europe, Woodbridge 2013, 8 f.

43 Ein gutes Beispiel bietet die Sorglosigkeit, mit der in der kunsthistorischen Literatur so oft über die Abteikirche von Saint-Denis gehandelt wurde und wird; faktisch entsprechen jedoch viele Teile überhaupt nicht mehr Sugers Bau des 12. Jahrhunderts (Blum, Pamela, Early Gothic Saint-Denis. Restaurations and Survivals, Berkeley 1992).

44 S. z. B. die Umschlagabbildungen von Lindahl.

45 Weber 34; Messerer, Wilhelm, Romanische Kunst in Berchtesgaden: Brugger, W. u. a. ed., Geschichte von Berchtesgaden I, Berchtesgaden 1991, 983–1034, 996.

46 Wie Anm. 18.

47 Ob dieser bärtige Kopf tatsächlich von einem Kruzifix stammt oder aus einem anderen Zusammenhang kommt, vielleicht auch eine andere Gestalt meint, ist nicht sicher anzugeben. Es besteht eine gewissen Ähnlichkeit mit dem Buchberger Kopf (Abb. 37), auch mit einem der Irrsdorfer Köpfe. Der gedrehte Kranz meint hier keine Dornenkrone, sondern ist Attribut des Lastenträgers, eine zwischen den Kopf und die darauf lastenden Güter eingeschobene Auflage.

48 Panzanelli, Roberta ed., The color of life – polychromy in sculpture from antiquity to the present, Malibu 2008.

49 Während man für die sonstigen Farben Analogien in einigen v. a. französischen Manuskripten der Epoche angeben könnte, ist die völlige Schwarzfärbung der Dämonenaugen spätgotisch m. W. nicht belegt.

50 Hearn, M. F., Romanesque Sculpture, Ithaca 1981, 98.

51 Rosenfeld, Jörg, Die nichtpolychromierte Retabelskulptur als bildreformerisches Phänomen im ausgehenden Mittelalter und in der beginnenden Neuzeit, Ammersbek 1990, dazu meine Rezension in: Mediaevistik 5, 1992, 449 f.

52 Dinzelbacher, Lebenswelten 330–332.

53 Bacchetta, Alberto, Oscilla – rilievi sospesi di età romana, Milano 2006.

54 Georgica II, 389.

55 Boutemy, A./Vercauteren, F., Foulcoie de Beauvais et l'intérêt pour l'archéologie antique au XIe s. et au XIIe s.: Latomus 1, 1937, 173–186. Zum Interesse für antike Skulptur im Hochmittelalter s. Adhémar, Jean, Influences antiques dans l'art du Moyen Age français, London 1939 = Paris 1996, 102 ff.

56 Dinzelbacher, Peter, Handbuch der Religionsgeschichte im deutschsprachigen Raum II: Hoch- und Spätmittelalter, Paderborn 2000, 244.

57 Dinzelbacher/Frenken 54 f. u. ö., dazu jetzt Härtl, Petra, Trophäenschädel und Fratzendarstellungen – zum Kopfkult der Kelten: Meller/Maraszek (wie Anm. 7) 225–232.

58 Baltrusaitis, Jurgis, Das phantastische Mittelalter. Antike und exotische Elemente in der Kunst der Gotik, Frankfurt am Main 1985.

59 Bock, Franz, Geschichte der liturgischen Gewänder des Mittelalters I, Bonn 1859, 14 ff.

60 Ein Spiralknospenkapitell mit Kopfprotom, gefunden im Haus Waagplatz 4 in Salzburg, könnte vielleicht noch ins 12. Jahrhundert gehören (Dopsch Abb. 46).

61 Karlinger 16.

62 Karlinger 3.

63 Dinzelbacher/Frenken.

64 Whittingham, S., A thirteenth-century portrait gallery at Salisbury Cathedral, Salisbury 1970.

65 Liepe, Lena, Den medeltida kroppen, Lund 2003.

66 Das späte 11. und das 12. Jahrhundert als das einer Protorenaissance zu interpretieren ist in der Mediävistik seit fast hundert Jahren aus guten Gründen üblich, s. Dinzelbacher, Europa.

67 Dinzelbacher, Peter, Europa im Hochmittelalter, Darmstadt 2003.

68 Weber 38.

69 Sauerländer, Willibald, Phisionomia est doctrina salutis: Büchsel/Schmidt (wie Anm. 160) 101–121.

70 Förster, Richardus ed., Scriptores physiognomonici Graeci et Latini II, Leipzig 1893, 208.

71 Darüber gibt es zwei jüngere Dissertationen, Wadley, William, The Reims masks: a reconstruction, stylistic analysis, and chronology of the corbel sculptures on the upper stories of Reims Cathedral, Diss. University of Texas at Austin 1984, und Schmengler, Dagmar, Die Masken von Reims, Diss. Frankfurt 2009/11, die skurrilerweise beide nicht publiziert wurden und in der Praxis unzugänglich sind. Eine Kopie der gleichnamigen Mag.-Arb. dieser Autorin (Frankfurt am Main 2001) verdanke ich Dr. Ralph Frenken.

72 Hans Weigert in: Busch, Harald u. a., Gotische Plastik in Europa, Frankfurt am Main 1962, 98.

73 Z. B. Little, Charles, ed., Set in Stone. The Face in Medieval Sculpture, New Haven 2006, 108 f.

74 Adhémar.

75 Dies muss hier als Urteil ohne weitere Erklärung stehen bleiben, man vergleiche meine mentalitätsgeschichtlichen Arbeiten im Literaturverzeichnis.

76 Freedberg, David, The Power of Images, Chicago 1989, erwähnt unser Thema allerdings nicht einmal.

77 Klapper, Joseph ed., Erzählungen des Mittelalters, Breslau 1914, 400 f.

78 Klapper, Joseph ed., Exempla aus Handschriften des Mittelalters, Heidelberg 1911, 28.

79 Dinzelbacher/Frenken pass. Aus der Sicht der Verhaltensforschung mit vielen Abb. die Arbeiten von Sütterlin (s. Bibliographie).

80 Gombrich, Ernst, Bild und Auge, Stuttgart 1984, 105–134.

81 Hauschild, Thomas, Der böse Blick, Berlin 2. Aufl. 1982.

82 Dinzelbacher/Frenken; Frenken, Ralph, Gefesselte Kinder. Geschichte und Psychologie des Wickelns, Badenweiler 2011.

83 Dinzelbacher, Peter, La donna, il figlio e l'amore. La nuova emozionalità del XII secolo: Il secolo XII, la ‚renovatio' dell'Europa cristiana, a. c. di Giles Constable et al., Bologna 2003, 207–252; Ders., Europa im Hochmittelalter 1050–1250. Eine Kultur- und Mentalitätsgeschichte, Darmstadt 2003.

84 Während einzelne Handschriften intensiv erforscht wurden, stehen, geht es um einen Überblick, auch heute tatsächlich nur die über hundert Jahre alten Publikationen von Tietze u. a. zur Verfügung, die natürlich unvollständig und nur mit Schwarz-Weiß-Bildern dürftig illustriert sind.

85 Faksimile der bebilderten Seiten: Sammelblatt des Historischen Vereins Freising 41, 2010, 57–84.

86 Frisch, Ernst, Mittelalterliche Buchmalerei, Kleinodien aus Salzburg, Wien 1949, 40 ff.

87 Ebd. 74 ff.; Schuller-Juckes, Michaela, Inkunabelausstattung aus dem Atelier des Salzburger Buchkünstlers Ulrich Schreier: Wiener Jahrbuch für Kunstgeschichte 58, 2009, 243–259.

88 Spätgotik Malerei Nr. 246, Abb. 88.

89 Ebd. Nr. 238, Abb. XV.

90 Heise, Carl, Fabelwelt des Mittelalters. Phantasie- u. Zierstücke Lübeckischer Werkleute aus drei Jahrhunderten, Berlin 1936, 84 f.

91 Spätgotik – Skulptur Nr. 179, Abb. 265.

92 Ebd. Nr. 389, Abb. 264.

93 Festschrift Erzabtei St. Peter in Salzburg, Salzburg 1982, Tafel XII.

94 Töbelmann, Paul, Stäbe der Macht. Stabsymbolik in Ritualen des

Mittelalters, Husum 2011, 110 f.

95 Stadler, Harald u. a., Ausgrabungen in Kirchdorf in Tirol, Innsbruck 1994.

96 Kurz, Otto, Lion-Masks with Rings in the West and in the East: Scripta Hierosolymitana 24, 1973, 22–41.

97 Dinzelbacher, Europa 158 mit Abb.

98 Spätgotik – Skulptur Nr. 376, Abb. 253.

99 Drake, C. S., The Romanesque Fonts of Northern Europe and Scandinavia, Woodbridge 2002.

100 Solberg, Per, Menneskets ansikt. Motiver fra middelalder og renessanse, Bergen 1995, 18 f.

101 Ebd. 23.

102 Lcl 1, 317.

103 Dinzelbacher, Peter, Quellenprobleme der Erforschung hochmittelalterlicher Bewaffnung: Mediaevistik 2, 1989, 43–79.

104 Dinzelbacher, Peter, Zwischenwesen des Mittelalters und ihre Symbolik: Symbolon NF 18, 2012, 195–204.

105 Dinzelbacher/Frenken 151 ff.

106 Bougoux, Christian, Petite grammaire de l'obscène – églises du duché d'Aquitanie, XIe–XIIe s., Bordeaux 1992.

107 Heise 5.

108 Andersen, Jørgen, The Witch on the Wall. Medieval Erotic Sculpture in the British Isles, Kopenhagen 1977; Weir, Anthony/Jerman, James, Images of Lust. Sexual Carvings on Medieval Churches, London 1993.

109 Lcl 3, 123 f.

110 Vgl. Dinzelbacher/Frenken 44.

111 Dinzelbacher, Peter, Mittelalter: Ders, ed., Mensch und Tier in der Geschichte Europas, Stuttgart 2000, 181–292, 586–604, 628–636; Ders., Von frommen Lämmern und bösen Pferden. Tiere in Texten des Hoch- und Spätmittelalters: Tori, L., Steinbrecher, A. ed., Animali. Tiere und Fabelwesen von der Antike bis zur Neuzeit, Zürich 2013, 92–99, 285.

112 Blankenburg, Wera v., Heilige und dämonische Tiere, Köln 2/1975, 131 ff.

113 Lcl 3, 115

114 Wiebel, Richard, Die geistige Botschaft romanischer Bauplastik, München 1940, 12.

115 Baltl, Hermann, Zur romanischen Löwensymbolik: Zeitschrift des historischen Vereins für Steiermark 54, 1963, 195–220.

116 Drei weitere Portallöwen aus dieser Kirche befinden sich heute im Bayerischen Nationalmuseum in München (abgebildet bei Weber 183).

117 Wilhelm, Friedrich ed., Denkmäler deutscher Prosa des 11. und 12. Jahrhunderts, München 1914, 5.

118 Biedermann 28.

119 Wirnt von Grafenberg, Wigalois, ed. J. Kapteyn u. a., Berlin 2005, 167.

120 Eine eingehende Studie ist demnächst von Wilfried E. Keil zu erwarten.

121 So Goldschmidt, Adolph, Der Albanipsalter in Hildesheim und seine Beziehung zur symbolischen Kirchenskulptur des 12. Jahrhunderts, Berlin 1893, 68 ff.

122 Weber 281.

123 Romanische Kunst, Köln 1987, 219.

124 Krappmann, Mercede, Kreuzgang St. Zeno, Bad Reichenhall, Bad Reichenhall 2006, 13 ff.

125 Düriegl, Ursula, Die Fabelwesen von St. Jakob in Kastelaz bei Tramin, Wien 2003.

126 Streng, Georg, Das Rosettenmotiv in der Kunst- und Kulturgeschichte, München 1918.

127 Basford, Kathleen, The Green Man, Ipswich 1978.

128 Wiebel 65, 84.

129 Dinzelbacher/Frenken 182 ff.

130 So wird der Zweispross auf dem berühmten romanischen Relief der Externsteine meist gedeutet.

131 Messerer, Berchtesgaden 1009.

132 Biedermann 26.

133 Teilweise andere als die folgenden Aspekte listet Woodcock 6 f. auf.

134 Woodcock 32a.

135 Gombrich, Ornament 223.

136 Dinzelbacher, Peter, Bernhard von Clairvaux, Darmstadt 2/2008, 90 ff. Nach Ginzburg, Carlo, Holzaugen. Über Nähe und Distanz, Berlin 1999, 153 f. ist diese Kritik angeregt von dem für Bernhard v. a. in seiner Mystik wichtigen Origenes Adamantius.

137 Pictor in carmine, ed. Wirth, Karl-A., Berlin 2006, 110.

138 Zit. Sauer 280 Anm. 3.

139 Die Sekundärliteratur enttäuscht hier, besonders der völlig irreführend titulierte Aufsatz von Brenk, Beat, Der Concepteur und seine Adresse: Modernes Mittelalter, ed. Joachim Heinzle, Frankfurt am Main 1994, 431–450, der faktisch nur einmal mehr ein Portal der Kathedrale von Chartres analysiert.

140 Wiebel 44 ff.; Fillitz 386–391.

141 Es versteht sich, dass hier auf wissenschaftlich unseriöse Erklärungsversuche gar nicht erst eingegangen wird; als besonders abschreckendes Beispiel willkürlichen Phantasierens aus jüngerer Zeit sei genannt Lotte Conrad, Die romanische Schottenkirche in

Regensburg und ihre Bildsymbolsprache, Regensburg 4/1984.

142 Man sehe sich z. B. die Erklärungen von Wiebel, Botschaft, auf dieses Manko hin an. Gegen die Annahme von solchen Programmen auch Ambrose 89.

143 Romanische Kunst Nr. 133, Abb. 30.

144 Spätgotik – Skulptur Nr. 136.

145 Gombrich, Ornament 229 ff.

146 Dinzelbacher, Handbuch I, 104 f., 109 f., 174 ff., 152 ff. u. ö.

147 Beispiele bei Wagner, Jasmine, Ostentative Spolienverwendung an mittelalterlichen Kirchenbauten der Steiermark: Beiträge zur Mittelalterarchäologie in Österreich 21, 2005, 243–260.

148 Adhémar 265 f.; Erlande-Brandenburg, Alain, La révolution gothique, Paris 2012, 213.

149 Arwidson, G., Demon mask och gudbild i germansk folkvandringstid: Tor 9, 1963, 163–187.

150 Capelle, Torsten, Heidenchristen im Norden, Mainz 2005, 73, 76; Hohler, Erla, Nowegian Stave Church Sculpture, Oslo 1999, I, 161.

151 Hohler II, 194 f.

152 Dinzelbacher, Handbuch II, 532 (Register unter „Wodan").

153 Dinzelbacher, Handbuch II, 159 f.

154 Jung, Erich, Germanische Götter und Helden in christlicher Zeit, München 1922, 63 ff.

155 Der Stricker, Daniel von dem Blühenden Tal, ed. Resler, Michael, Berlin 2/1995.

156 Thormann, Michael, Monstren im Mittelalter. Die Dämonologie in Strickers Roman ‚Daniel von dem Blühenden Tal', München 2010, 48–50.

157 Dinzelbacher, Peter, Der Liber de nymphis, sylphis, pygmaeis et salamandris, et de caeteris spiritibus: Classen, A. ed., Paracelsus im Kontext der Wissenschaften seiner Zeit, Berlin 2010, 21–46; Ders., Zwischenwesen.

158 Z. B. Gerstenberg, K., Die deutschen Baumeisterbildnisse des Mittelalters, Berlin 1966; Whittingham.

159 Keil, Wilfried, Die Baumeistersäule an der Ostfassade des Domes zu Worms: InSitu 3/1, 2011, 5–18.

160 Solberg 24; Tuulse, Armin, Scandinavia Romanica, Wien 1968, 254. Es fällt auf, dass Büchsel, M./Schmidt, P. edd., Das Porträt vor der Erfindung des Porträts, Mainz 2003, solche Fälle überhaupt nicht berücksichtigen, sondern von der Antike gleich ins 13. Jahrhundert springen.

161 Weber 384.

162 Lexikon des Mittelalters 2, 156.

163 Gimpel, Jean, Les bâtisseurs de cathédrales, Paris 1980, 65.

164 Karlinger Abb. 122.

165 LcI 2, 164.

166 Dinzelbacher/Frenken 71.

167 Dinzelbacher/Frenken 59 f.

168 Dinzelbacher, Handbuch II, 158.

169 Weber 344.

170 Das Folgende nach Dinzelbacher, Peter, Zur Ikonographie der spätgotischen Köpfe in der Nonnberger Stiftskirche: Mitteilungen der Gesellschaft für Salzburger Landeskunde 152, 2012, 69–78, wo alle hier nicht belegten Informationen nachgewiesen und alle Objekte abgebildet sind.

171 Dies ist in Bayern die typische Form der Stützen in der Spätgotik: Gerstenberg, Kurt, Deutsche Sondergotik, Darmstadt 2. Aufl. 1969, 55.

172 Lanthaler, Johann, Die Abteikirche Nonntal in Salzburg, Diss. Salzburg 1991, 276–280., zit. 85 A. 71; laut ÖKT 7, xxi: „khor".

173 So die Literatur allgemein, dezidiert im Katalog Spätgotik – Salzburg Nr. 137. Es sei jedoch darauf hingewiesen, dass im 15. Jahrhundert die Sieben ganz genauso geschrieben werden konnte, weswegen 1470 möglich wäre, s. z. B. Cappelli, Adriano, Dizionario di Abbreviature latine ed italiane, Milano 6/1929, 426.

174 Dinzelbacher/Frenken Abb. S. 63.

175 Dinzelbacher, Europa 110–117; Ders., Lebenswelten 334–340.

176 Übersicht bei Newhauser, Richard, The treatise on vices and virtues in Latin and the vernacular, Turnhout 1993; Naser, Christian, „Der geistliche Streit", Würzburg 1995, 64–137. Die klassische kunsthistorische Darstellung ist immer noch; Mâle, Emile, L'Art religieux du xiiie s. en France I, Paris 1968, 199–264.

177 Burnett, C. ed., An apocriphal letter from the arabic Philosopher Al-Kindi to Theodore, Frederick II' Astrologer ...: Viator, 15, 1984, 151–167.

178 Berthold von Regensburg, Predigten hg. v. Franz Pfeiffer, Wien 1862, I, 520–536 (Nr. 33).

179 Vgl. die entsprechenden Lemmata im LcI IV, 135; Dittrich, Sigrid u. Lothar, Lexikon der Tiersymbole, Petersberg 2005, 484–490.

180 Abb. in Lexikon für Theologie und Kirche II, Freiburg i. Br. 1930, 105 f.

181 Groß, Angelika, „La folie". Wahnsinn und Narrheit im spätmittelalterlichen Text und Bild, Heidelberg 1990; Jones, Malcolm, The Secret Middle Ages, Thrupp 2002, 100–120 (Corrigenda et addenda in: Mediaevistik 18, 2005, 372–376).

182 Dinzelbacher, Peter, Unglaube im „Zeitalter des Glaubens". Atheismus und Skeptizismus im Mittelalter, Badenweiler 2009.

183 Garnier, François, Le langage de l'image au moyen âge, Paris 1982, 137; Beek, H., Waanzin in de middeleeuwen, Nijkerk 1969, z. B. 21, 39, 130, 161, T. X. u. ö.

184 Lentz, Matthias, Konflikt, Ehre, Ordnung. Untersuchungen zu den Schmähbriefen und Schandbildern des späten Mittelalters und der frühen Neuzeit, Hannover 2004.

185 Die Formung der Gesichtszüge ist bei zwei Köpfen nicht eindeutig: Die eng und rund das Haupt umschließenden Hauben passen eher zur Frauentracht, doch kommen so enge Kapuzen auch an Mänteln vor, die von Männern getragen wurden. Die innere Kopfbedeckung sieht in einem Fall sehr nach einer gefältelten Haube aus, der außen das Kinn bedeckende Teil nach einem Gebende.

186 Sauer 236.

187 Naser, Streit, 130 f.

188 Walther, Hans, Das Streitgedicht in der lateinischen Literatur des Mittelalters, München 1920, 110–126.

189 Brucher, Günter, Gotische Baukunst in Österreich, Salzburg 1990, 288 f.

190 Rosenauer, Artur ed., Spätmittelalter und Renaissance (Geschichte der bildenden Kunst in Österreich III), München 2003, 473 (Lit.).

191 Vgl. Gombrich, Ornament 269 ff.

192 Dinzelbacher, Peter, Monster und Masken am Tor. Zur mittelalterlichen Symbolik des Übergangs vom profanen in den heiligen Raum: Symbolon NF 18, 2012, 95–120.

193 Weber 412.

194 Beispiele etwa bei Heimberger, H., Neidköpfe im Gebiet zwischen Neckar und Main: Mainfränkisches Jahrbuch für Geschichte und Kunst 3, 1951, 252–271.

195 Wildhaber, R., Diebschreckfiguren und Türwächterbilder: Zeitschrift f. schweizerische Archäologie und Kunstgeschichte 22, 1962, 126–135.

196 Geschwend, M., Köpfe und Fratzen an schweizerischen Bauernhäusern: Festschrift A. Bühler, Basel 1965, 139–170.

197 Wolfram, Richard, Die gekreuzten Pferdeköpfe als Giebelzeichen, Wien 1968.

198 Jüngerer Titurel 406, ed. Hahn, K., Quedlinburg 1842, 40.

199 ÖKT 13, 85

200 Dinzelbacher, Angst.

201 Kapeller, Elfriede, Die spätgotische Kirchentür in Irrsdorf, Salzburg 1999; vernichtend rezensiert von Wagner, Franz, „Spätgotik" in Salzburg: Salzburg Archiv 32, 2007, 51–104, 76–81.

202 Vgl. Schahl, Adolf, Der gefeite Bau: Schwäbische Heimat 1961/6, 202 ff.

203 Heise 78.

204 Dinzelbacher, Handbuch II, 428 Anm. 535.

205 http://www.dhm.de/magazine/zeughaus/Skulpturenschmuck.html.

206 Beispiele: Andrews, Chris, Oxford – Gargoyles, Grotesques and Architectural Detail, Oxford 2/2009.

207 Karlinger 91.

208 Franz Fuhrmann, Die bildende Kunst, in: Geschichte Salzburgs, hg. v. Heinz Dopsch, Hans Spatzenegger, I/2, Salzburg 1983, 1107–1136, 1132.

209 Solberg 14 ff.

oben links: Abb. 37 Chorkonsole, Bischofshofen, Buchberger Kirche, 14. Jh.
oben rechts: Abb. 38 Südportal, Salzburg, Nonnberger Stiftskirche, E. 15. Jh.
unten: Abb. 39 Südportal, Salzburg, Franziskanerkirche, A. 13. Jh.

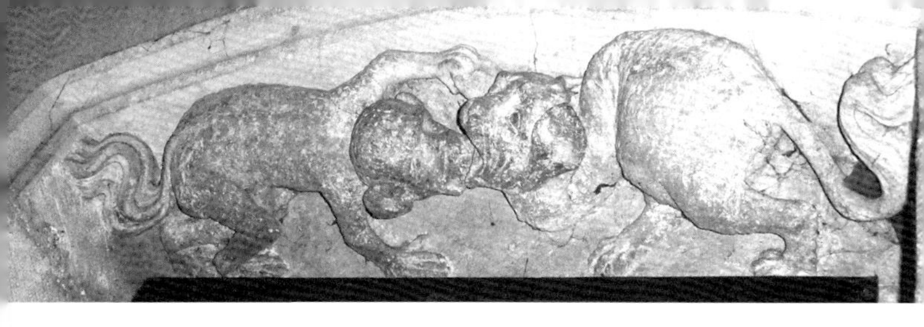

oben: Abb. 40 Supraporte, Regensburg, Dom, E. 15. Jh.
Mitte: Abb. 41 Westportal, Berchtesgaden, Stiftskirche, 19. Jh.
unten: Abb. 42 Kapitell, Freising, Domkrypta, 12. Jh.

links: Abb. 43 Kapitell, Salzburg, Franziskanerkirche, um 1700
unten: Abb. 44 Kapitell, Salzburg, Franziskanerkirche, 13. Jh.
rechts oben: Abb. 45 Türsturz im Westportal, Bad Reichenhall, St. Zeno, 12. Jh.
rechts Mitte: Abb. 46 Chorgestühl, Bad Reichenhall, St. Zeno, A. 16. Jh.
rechts unten: Abb. 47 Säulenbasis, Bad Reichenhall, St. Zeno, 12. Jh.

oben links: Abb. 48 Kapitell, Bad Reichenhall, St. Zeno, Kreuzgang, 12. Jh.
oben rechts: Abb. 49 Chorgestühl, Lund, Dom, M. 14. Jh.
unten links: Abb. 50 Westfassade, Irrsdorf, Pfarrkirche, 14. Jh.
unten rechts: Abb. 51 Westfassade, Irrsdorf, Pfarrkirche, 14. Jh.

oben: Abb. 52 Westfassade, Kilpeck, Pfarrkirche, 12. Jh.
unten links: Abb. 53 Westfassade, Irrsdorf, Pfarrkirche, 14. Jh.
unten rechts: Abb. 54 Bauernhaus, Lofer, 20. Jh.

oben: Abb. 55 Westturm, Irrsdorf, Pfarrkirche, 14. Jh.
unten links: Abb. 56 Pfeilerbasis, Salzburg, Nonnberger Stiftskirche, E. 15. Jh.
unten rechts: Abb. 57 Öffentliches Gebäude, Oxford, 20. Jh.

rechts: Abb. 58 Bürgerhaus, Radstadt, 18./19. Jh.
unten links: Abb. 59 Säulenbasis, Schöngrabern, Pfarrkirche, 13. Jh.
ganz unten links: Abb. 60 Portaldetail, Felsenreitschule, Salzburg, E. 17. Jh.
unten rechts: Abb. 61 Gewölbekonsole, St. Georgen, Pfarrkirche, 14. Jh.

oben: Abb. 62 Chor, Bad Reichenhall, St. Nikolaus, 12. Jh.
unten: Abb. 63 Kreuzgang, Bad Reichenhall, St. Zeno, 14. Jh.

oben links: Abb. 64 Kreuzgang, Bad Reichenhall, St. Zeno, 12. Jh.
oben rechts: Abb. 65 Kreuzgang, Bad Reichenhall, St. Zeno, 12. Jh.
unten: Abb. 66 Kreuzgang, Berchtesgaden, Stiftskirche, 1. H. 13. Jh.

oben: Abb. 67 Kreuzgang, Berchtesgaden, Stiftskirche, 1. H. 13. Jh.
unten: Abb. 68 Kreuzgang, Berchtesgaden, Stiftskirche, 1. H. 13. Jh.

oben: Abb. 69 Chorkapitell, Berchtesgaden, Stiftskirche, 14. Jh.
unten: Abb. 70 Chorkapitell, Berchtesgaden, Stiftskirche, 14. Jh.

oben: Abb. 71 Portalkapitell, Berchtesgaden, Stiftskirche, 13. Jh.
unten: Abb. 72 Kreuzgang, Berchtesgaden, Stiftskirche, 1. H. 13. Jh.
rechts: Abb. 73 Chorgestühl, Berchtesgaden, Stiftskirche, 20. Jh.

oben links: Abb. 74 u. 75 Pfeilerbasis und Ecksporn, Freising, Dom, 12. Jh.
oben rechts: Abb. 76 Fachwerkhaus, Sindelfingen, um 1480
unten: Abb. 77 Südportal, Salzburg, Franziskanerkirche, A. 13. Jh.

oben: Abb. 78 Keltorömischer Grabstein, St. Veit, Pfarrkirche, Westturm, 1. Jh.?
unten: Abb. 79 Schlussstein, Bad Vigaun, Pfarrkirche, 15. Jh.

oben links: Abb. 80 Kreuzgang, Berchtesgaden, Stiftskirche, 1. H. 13. Jh.
ganz oben rechts: Abb. 81 Baldachindetail, Südportal, Salzburg, Nonnberger Stiftskirche, E. 15. Jh.
oben rechts: Abb. 82 Kopfplastik, Salzburg, Nonnberger Stiftskirche, 13. Jh.?
unten: Abb. 83 Südportal, Hablingbo, Pfarrkirche, 14. Jh.

oben u. unten: Abb. 84, 85 Kapitell, Braunau, Pfarrkirche, 15. Jh.

oben: Abb. 86 Portalgewände, Tamsweg, St. Leonhard, 15. Jh.
unten: Details

oben links: Abb. 87 Eisengitter, Tamsweg, St. Leonhard, 16./17. Jh.
oben rechts: Abb. 88 Bartmannkrug, Mainz, Landesmuseum, 16. Jh.
unten: Abb. 89 Eisengitter, Regensburg, Alte Kapelle, 17. Jh.

oben: Abb. 90 Kapitell, Chur, Dom, Krypta, 12. Jh.
unten: Abb. 91 Tierprotom, Regensburg, Minoritenkirche, 14. Jh.

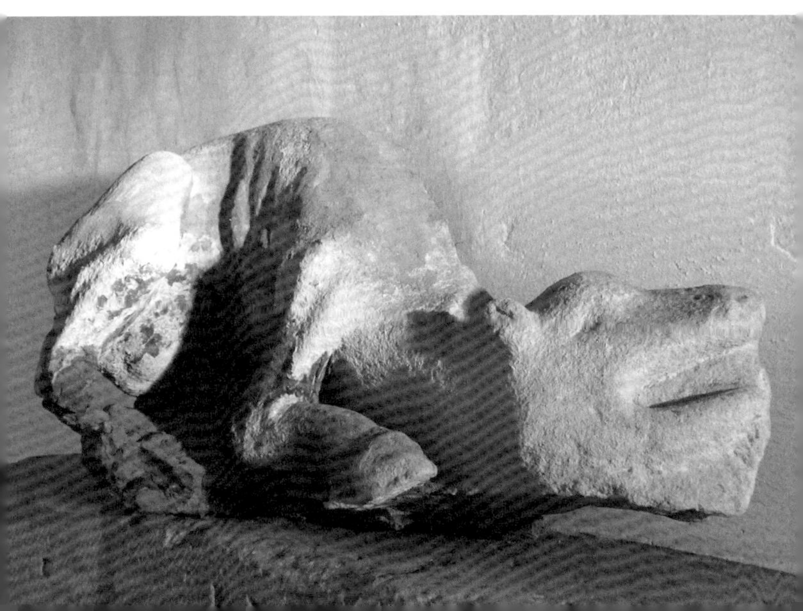

oben: Abb. 92 Konsole, Braunau, Pfarrkirche, 15. Jh
unten: Abb. 93 Pfeilerbasis, Regensburg, St. Jakob, 12. Jh.

oben links: Abb. 94 Portal-Engel, Zürich, Großmünster, 12. Jh.
oben rechts: Abb. 95 Brunnenfigur, Altötting, 1635/37
unten links: Abb. 96 Sheela, Kilpeck, Pfarrkirche, 12. Jh.
unten rechts: Abb. 97 Schlussstein, Mariapfarr, Pfarrkirche, 14. Jh.

oben: Abb. 98 Kreuzgang, Berchtesgaden, Stiftskirche, 1. H. 13. Jh.
unten: Abb. 99 u. 100 Schlusssteine, Zell am See, Pfarrkirche, 14. Jh.

oben links: Abb. 101 Kreuzgang, Berchtesgaden, Stiftskirche, 1. H. 13. Jh.
oben rechts: Abb. 102 Pfeilerkapitell, Irrsdorf, Pfarrkirche, 15. Jh.
unten: Abb. 103 Kreuzgang, Berchtesgaden, Stiftskirche, 1. H. 13. Jh.

oben links: Abb. 104 Portallöwe, Regensburg, St. Jakob, 12. Jh.
oben rechts: Abb. 105 Schlussstein, St. Veit, Pfarrkirche, 14. Jh.
Mitte links: Abb. 106 Turmkonsole, Irrsdorf, Pfarrkirche, 14. Jh.
Mitte rechts: Abb. 107 Figurenkonsole, Regensburg, Dom, 14. Jh.
unten: Abb. 108 Löwe und Blattmaske, Regensburg, Bürgerhaus, 14. Jh.

oben: Abb. 109 Kapitell, Freising, Domkrypta, 12. Jh.
unten links: Abb. 110 Portallöwe, Bad Reichenhall, St. Zeno, 12. Jh.
unten rechts: Abb. 111 Kapitell, Berchtesgaden, Stiftskirche, Kreuzgang, 13. Jh.

oben: Abb. 112 Südportal, Salzburg, Franziskanerkirche, 1. H. 13. Jh.
unten links: Abb. 113 Kreuzgang, Bad Reichenhall, St. Zeno, 12. Jh.
unten rechts: Abb. 114 Westfassade, Millstatt, Klosterkirche, 12. Jh.

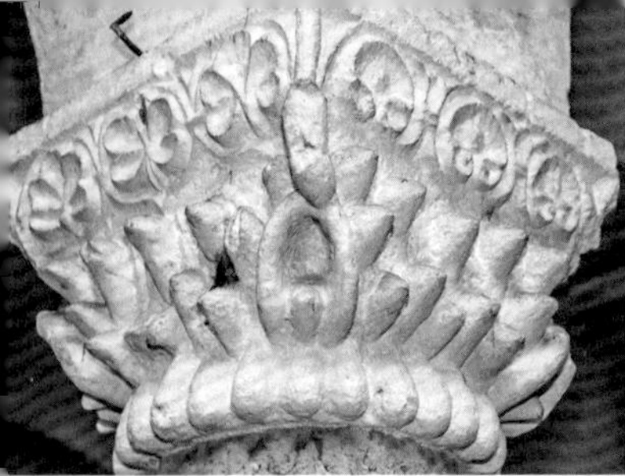

ganz oben links: Abb. 115 Kapitell, Freising, Domkrypta, 12. Jh.
oben links: Abb. 116 Kapitell, Irrsdorf, Pfarrkirche, 15. Jh.
oben rechts: Abb. 117 Tugend und Teufel, Millstatt, Kreuzgang, 12. Jh.
unten links: Abb. 118 Innenportal, Landshut, St. Martin, um 1500
unten rechts: Abb. 119 Portalmalerei, Kuchl, Pfarrkirche, 13. Jh.

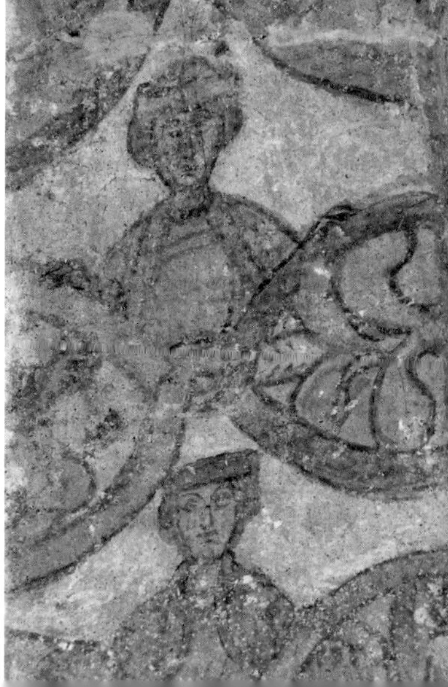

oben: Abb. 120 u. 121 Chorkapitell, Mariapfarr, Pfarrkirche, 14. Jh.
unten: Abb. 122 Kapitell, Regensburg, St. Jakob, 12. Jh.

oben links: Abb. 123 Eingangskapitell, Golling, Pfarrkirche, um 1500
oben rechts: Abb. 124 Pfeilerbasis, Salzburg, Nonnberger Stiftskirche, E. 15. Jh.
unten links: Abb. 125 Grabplatte, Straßwalchen, Pfarrkirche, um 1500
unten rechts: Abb. 126 Portalkapitell, Michaelbeuern, Klosterkirche, 13. Jh.?

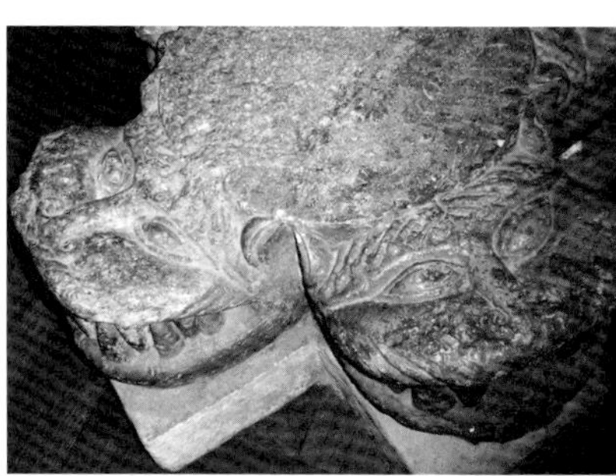

ganz oben links: Abb. 127 Pfeilerbasis, Salzburg, Nonnberger Stiftskirche, E. 15. Jh.
ganz oben rechts: Abb. 128 Westportal, Salzburg, St. Peter, um 1200
oben links: Abb. 129 Pfeilerkapitell, Salzburg, Nonnberger Stiftskirche, E. 15. Jh.
oben rechts: Abb. 130 Säulenbasis, Bergen, Universitetsmuseum, um 1200
unten rechts: Abb. 131 Westportal, Millstatt, Klosterkirche, 12. Jh.

oben: Abb. 132 Apsis, Bad Reichenhall, St. Nikolaus, 12. Jh.
unten links: Abb. 133 Konsole, Bad Vigaun, Pfarrkirche, 14. Jh.
unten rechts: Abb. 134 Erkerkonsole, Überlingen, Stadthaus, um 1500

oben links: Abb. 135 Portallöwe, Königslutter, Dom, 12. Jh.
oben rechts: Abb. 136 Andreas Schlüter, Innenhofdekoration, Berlin, Zeughaus, um 1700
unten: Abb. 137 Südportal, Salzburg, Nonnberger Stiftskirche, um 1500

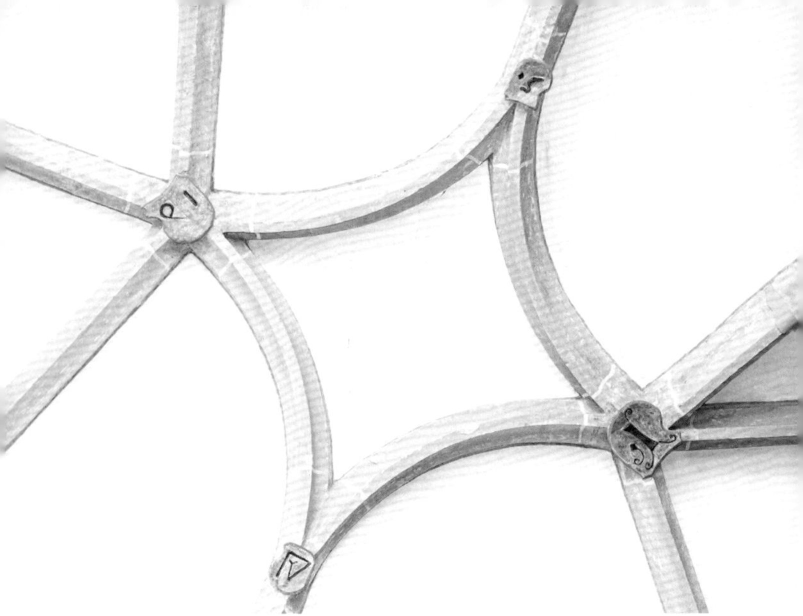

oben: Abb. 138 Gewölbe, Bad Vigaun, Pfarrkirche, 15. Jh.
unten: Abb. 139 Portal, Stuhlfelden, Pfarrkirche, 13. Jh.?

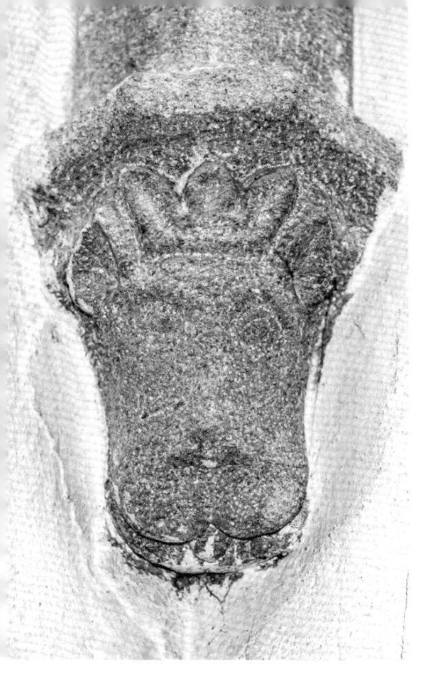

oben: Abb. 140 u. 141 Chorkapitelle, Mariapfarr, Pfarrkirche, 14. Jh.
unten links: Abb. 142 Bestiensäule, Freising, Domkrypta, 12. Jh.
unten rechts: Abb. 143 Eisengitter, Tamsweg, St. Leonhard, 17. Jh.

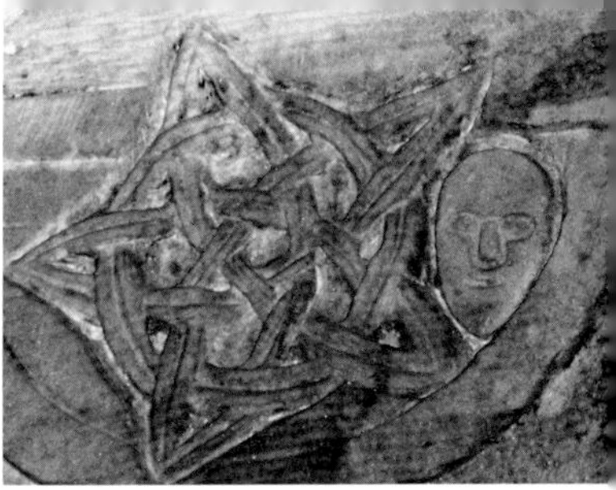

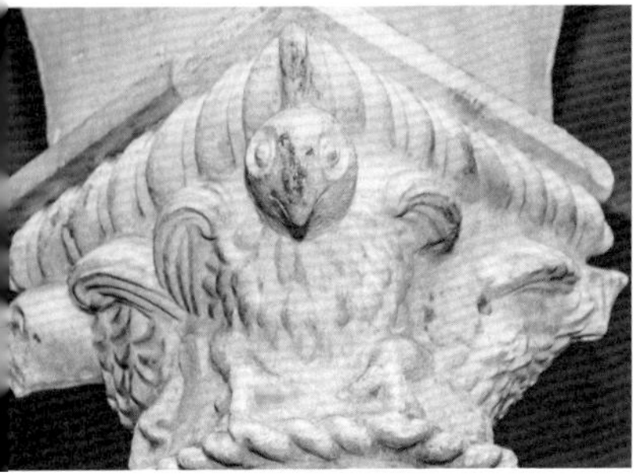

oben links: Abb. 144 Holztor, Altötting, Pfarrkirche, A. 16. Jh.
oben rechts: Abb. 145 Kapitell, Bremen, Domkrypta, 12. Jh.
Mitte: Abb. 146 u. 147 Kapitelle, Freising, Domkrypta, 12. Jh.
unten: Abb. 148 Domkrypta, Freising, 12. Jh.

Oben: Abb. 149 u. 150 Kapitelle, Freising, Domkrypta, 12. Jh.
Mitte u. unten: Abb. 151, 152, 153 Südportal, Salzburg, Franziskanerkirche, 1. H. 13. Jh.

oben links: Abb. 154 Taufbecken, Salzburg, Dom, 14. Jh.
oben rechts: Abb. 155 Türsturz, Salzburg, St. Peter, Westportal, um 1200
unten: Abb. 156 u. 157 Südportal, Salzburg, Nonnberger Stiftskirche, um 1500

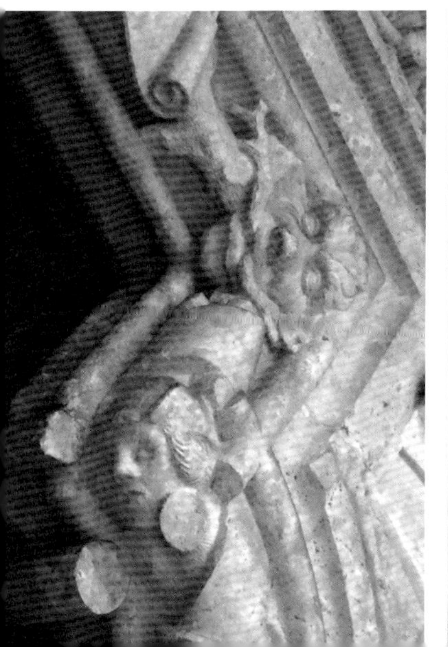

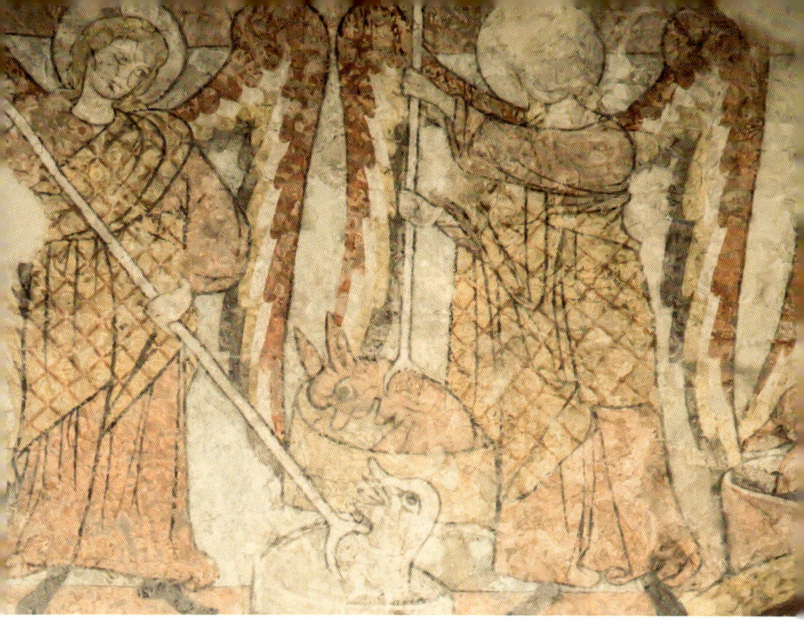

oben: Abb. 158 Wandgemälde, St. Michael, Pfarrkirche, 13. Jh.
unten: Abb. 159 u. 160 Breviarium Salisburgense, Salzburg, Universitätsbibliothek Hs. M III 21, f. 79r, um 1475

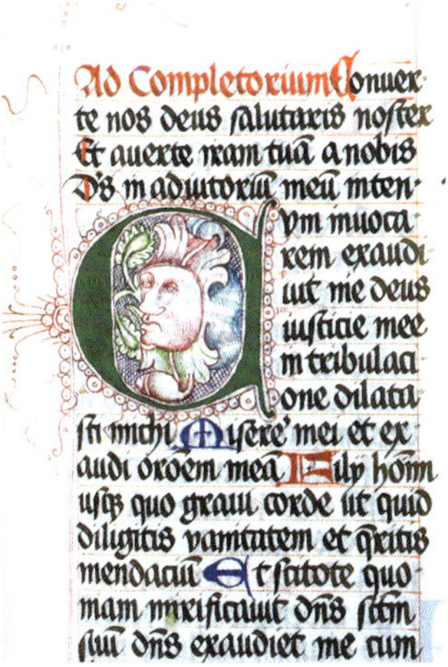

Ad Completorium Conver-
te nos deus salutaris noster
Et averte iram tuam a nobis
D's in adiutorium meum inten-
[de] Cum invoca-
rem exaudi-
vit me deus
iustitie mee
in tribulati-
one dilata-
sti michi Miserere mei et ex-
audi orationem meam Filii hominum
usque quo gravi corde ut quid
diligitis vanitatem et queritis
mendacium Et scitote quo-
niam mirificavit d'ns sanctum
suum d'ns exaudiet me cum

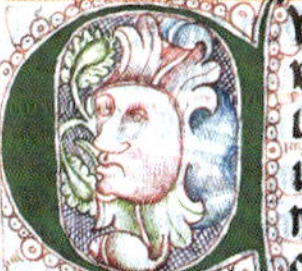

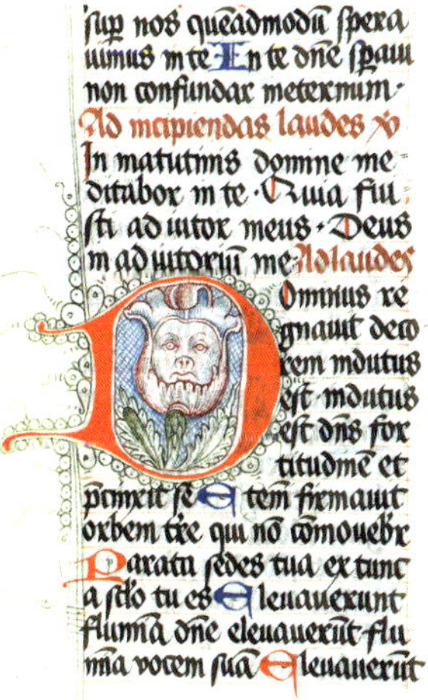

super nos quemadmodum spera-
vimus in te In te d'ne speravi
non confundar in eternum
Ad incipiendas laudes V
In matutinis domine me-
ditabor in te Quia fui-
sti adiutor meus Deus
in adiutorium me Ad laudes
Dominus re-
gnavit deco-
rem indutus
est indutus
est d'ns for-
titudinem et
precinxit se Etenim firmavit
orbem terre qui non commovebitur
Parata sedes tua ex tunc
a seculo tu es Elevaverunt
flumina d'ne elevaverunt flumina vocem suam Elevaverunt

oben: Abb. 161 Südportal, Salzburg, Franziskanerkirche, A. 13. Jh.
unten: Abb. 162 Torbemalung, Bad Reichenhall, St. Zeno, 17. Jh.

oben: Abb. 163 Wandgemälde, Pfarrwerfen, Pfarrkirche, um 1500
unten: Abb. 164 Wandgemälde, Pfarrwerfen, Pfarrkirche, um 1500

oben: Abb. 165 Schlussstein, Berchtesgaden, Stiftskirche, 14. Jh.
unten: Abb. 166 Innenkonsole, Markgröningen, Pfarrkirche, E. 15. Jh.

oben: Abb. 167 Mystische Mühle, Glasfenster, Tamsweg, St. Leonhard, 15. Jh.
unten: Abb. 168 Innenportal, Landshut, St. Martin, um 1500

oben: Abb. 169 Konsole, Bingen, St. Martin, 15. Jh.
unten: Abb. 170 Konsolen, Bingen, St. Martin, 15. Jh.

oben: Abb. 171 Konsole, Bad Vigaun, Pfarrkirche, 14. Jh.
unten: Abb. 172 Portal, Limburg an der Lahn, Stiftskirche, 1. H. 13. Jh.
Nächste Seite: Abb. 173 Chorkonsole, Salzburg, Franziskanerkirche, 17. Jh.